CORSO

KAREN MICHELS

VOLLKOMMENE RÄUME

ORTE DER HARMONIE
UND IHRE GESCHICHTEN

CORSO

Man kennt das: Irgendwo stehen und plötzlich wissen – dies ist vollkommen. Alles im Gleichgewicht. Hier kann nichts verbessert werden. Tiefenentspannung stellt sich ein. Man möchte dableiben, Wurzeln schlagen und ein immer feineres Sensorium entwickeln für die Schönheit eines Ortes, einer räumlichen Situation. Wer in Rom war, hat es im Pantheon erlebt: Ein mehr als 2.000 Jahre alter Raum kann auch *digital natives* noch sprachlos machen.

Dieses Buch erzählt die Geschichten von fünfzehn vollkommenen Räumen. Ihre Auswahl ist eine ganz persönliche. Sie beruht auf dem »Gänsehaut-Faktor«, der sich in einem Raum einstellte, und auf dem Wunsch, dem Geheimnis dieser faszinierenden Bauten auf die Spur zu kommen. Was macht ihre Wirkung eigentlich aus? Welche Geschichten verbergen sich hinter ihren Mauern? Der Schlüssel zum Verständnis heißt »Harmonie«. Heute hat das Wort einen Beiklang von Langeweile und lauwarmen Kompromissen. Von der Antike her aber ist uns eine andere Bedeutung von »harmonia« überliefert – nämlich die Kunst, aus gegensätzlichen Kräften ein neues Ganzes zu komponieren. Harmonie bedeutet nicht Einklang, sondern Spannung, nicht Monotonie, sondern dynamisches Gleichgewicht. Der Weg dahin verlief über die Proportion, das rechte Verhältnis aller Teile zueinander. Viele Jahrhunderte hindurch galt sie – vom spiralförmig wachsenden Schneckenhaus bis zur Sphärenharmonie – als ein Instrument zur Herstellung einer Verbindung zwischen der Welt des Irdischen und der Struktur eines geistig geordneten Kosmos. Mathematik ist die Grundlage sowohl der Architektur als auch der Musik. Der Frage nach den richtigen, den guten Beziehungen haben Baumeister wie Musiker, Maler wie Bildhauer, Künstler des 15. Jahrhunderts wie Leonardo da Vinci und Dürer oder solche des 20. Jahrhunderts wie Mondrian oder Le Corbusier ihr Leben gewidmet. Wenn Maß und Zahl richtig, das heißt den Naturgesetzen entsprechend, verwendet wurden, konnte ein Gefüge entstehen, das der abstrakten Vorstellung von »Vollkommenheit« nahekam – sie war von Platon als ein in sich geschlossenes und geordnetes und daher schönes Ganzes definiert worden, etwas, dem man nichts wegnehmen oder hinzufügen kann, ohne es zu verschlechtern.

Jedem der fünfzehn Kapitel sind literarische oder historische Texte beigefügt, die den jeweiligen Raum noch einmal auf eine andere Weise zum Sprechen bringen. Wenn es diesem Buch gelänge, Lust zu machen auf eine ganz persönliche Pilgerfahrt in das Land der Harmonie, dann hätte sich ein persönlicher Wunsch seiner Autorin erfüllt. *Ich widme es meinem Partner Joachim Buttler, ohne den ich manche der hier beschriebenen Räume nie gesehen hätte – mit großem Dank für unsere langjährige, harmonische Zusammenarbeit!*

EIN BLICK DURCH DEN BRONZENEN
BARBAROSSA-LEUCHTER
IN DAS GEWÖLBE DES OKTOGONS
DER AACHENER PFALZKAPELLE

SCHEINWERFER
FÜR EINEN KAISER
DAS PANTHEON, ROM

W as ist das Vollkommene am Pantheon? Die Frage braucht man eigentlich weder zu stellen noch zu beantworten. Wenn man einen Beweis braucht, dafür, dass ein leerer, heute zweckfreier Raum in der Lage ist, Menschen aller Nationen und jeden Alters in einen Glückstaumel zu versetzen, dann liefert ihn das Pantheon tagtäglich aufs Neue. Die sinnliche Überwältigung durch einen Raum, in dem alle gewohnten Koordinatensysteme aufgehoben sind, macht sprachlos: Trotz der Besucherströme herrscht gewöhnlich Ruhe im Pantheon. Erhaben spannt sich die ungeheure Kuppel wie ein Schirm über den gewaltigen Rundraum. Ihr schwereloses Schweben scheint unfassbar. Keine Fenster, keine Ausblicke lenken von der Raumwirkung ab. Allein die zentrale Lichtöffnung stellt eine Verbindung zur Außenwelt her. Hier befindet sich das Zentrum, die Magnetnadel der Rotunde. Jeden Besucher zieht es an diesen herausgehobenen Ort, jeder möchte einmal auf der Steinplatte genau unter dem Opaion stehen.

Worin besteht die überwältigende Wirkung dieses Raumes? Man realisiert es vielleicht nicht bewusst, aber man spürt es: Seine Proportionen sind von vollendeter Harmonie. Der Durchmesser des Gebäudes ist mit seiner Höhe identisch, was das vollkommene Maßverhältnis von 1:1 ergibt. Die Höhe der Wand bis zum Kuppelansatz entspricht dagegen der Hälfte dieser Strecke, so dass hier ein ebenso glattes Zahlenverhältnis von 1:2 besteht. Es sind diese Proportionen, die das Pantheon zu einem perfekten Ausdrucksträger jener von Platon formulierten Überzeugung machen, nach der menschliche Wesen mit einem angeborenen Sinn für Ordnung, Proportion und Harmonie ausgestattet sind. Dieser Sinn sei, so hat es der griechische Philosoph um 360 v. Chr. formuliert, ein Kennzeichen für die Verwandtschaft zwischen Menschen und Göttern. Das Wesen des Guten und Schönen sei im (richtigen) Maß und in den angemessenen Verhältnissen enthalten. Maßloses sei hässlich.[*]

[*] Naredi-Rainer 1982, 15 (siehe Literaturverzeichnis)

Für Platon gab es zwei unterschiedliche Arten von Schönheit: die der Natur und der von ihr hervorgebrachten Lebewesen und die des Geistes, die eine gerade Linie, eine Kreisform, einen geometrischen Körper hervorzubringen vermag. Das Schöne der Natur hielt er für zufällig und relativ. Das Wesen der Schönheit, so glaubte er, offenbare sich allein in einer von Maßen und Zahlen geschaffenen Ordnung. Sie mache »Strukturelemente der Wirklichkeit« sichtbar, »deren höchste Stufe das Reich der Urgestalten und Ideen ist«.[*] Das Pantheon repräsentiert eine solche, dem »Reich der Urgestalten und Ideen« zugehörige Schöpfung. Sein Umfang markiert einen Kreis und die Kuppel eine aus dieser Kreisfigur entwickelte Halbkugel, die, wenn man sie zu einer Kugel ergänzte, genau den Fußboden des Gebäudes berühren würde. Weniger abstrakt gedacht, symbolisiert die Kuppel gleichzeitig die rotierende Kugelschale des Universums. Die Mitte des Raumes unter der Lichtöffnung bezeichnet zugleich den Mittelpunkt des Kosmos. Dazu passt die Entdeckung der Archäologen, dass die Innenseite der Kuppel keineswegs immer so betongrau und puristisch-modern aussah wie heute: Ursprünglich waren ihre Kassetten blau gefasst und mit Rosetten oder Sternen aus vergoldetem Metall besetzt, was ihre Gleichsetzung mit dem Himmelsgewölbe noch betonte.

Technisch ist die Kuppel ein noch heute zu Recht bestauntes Wunder: Sie besteht aus Zement und wurde über einer gewaltigen Holzverschalung vermutlich in einem Stück gegossen. Das römische »opus caementitium« setzte sich aus Steinen, Sand und, jedenfalls hier im Pantheon, vulkanischem Tuff- und Bimsgestein zusammen. Es härtete zu einer monolithischen Masse aus, die man sich so hart wie Stein, aber wesentlich leichter vorstellen muss: Das ehrgeizige Projekt einer so gewaltigen freitragenden Kuppel konnte nur gelingen, wenn diese möglichst wenig Gewicht besaß. Auch aus diesem Grund gliederte man die Wölbung durch fünf Ringe mit jeweils 28 Kassetten. Dass sich diese nach oben hin verjüngen, macht die Halbschale noch einmal leichter und zugleich – optisch – höher. Es war ein gewagtes Experiment: Als das Pantheon im Jahre 118 n. Chr. fertig war, besaß es die größte von Menschenhand erbaute Kuppel überhaupt. Sie überspannt 43,5 Meter. Und daran sollte sich – erstaunlich genug – in den nächsten 1.700 Jahren nichts mehr ändern. Brunelleschi ist es mit seiner Florentiner Domkuppel Anfang des 15. Jahrhunderts zwar gelungen, die Weite der Pantheonkuppel annähernd zu erreichen – allerdings war seine Wölbung gemauert, nicht

gegossen. Mit dem Mitte des 16. Jahrhunderts unternommenen Neubau von St. Peter in Rom wagte man es erneut, den Wettbewerb um die größte je gebaute freitragende Kuppel aufzunehmen. Die Päpste zielten darauf ab, mit dem bedeutendsten christlichen Kirchenbau den großartigen Tempel der heidnischen Welt zu übertreffen. Doch ihr Wunsch ging nicht in Erfüllung. Michelangelos Kuppel blieb im Durchmesser um 1,40 Meter kleiner als ihr fast 1.400 Jahre älteres Vorbild …

Technik und Symbolik entsprechen einander: In die glatte Fläche über dem letzten Kassettenring wurde ein kreisrundes Loch geschnitten. Es hat einen Durchmesser von unglaublichen 9 Metern. Sein Name, »Opaion«, leitet sich vom griechischen Begriff für »Rauchloch« her, was an seine ursprüngliche Funktion als Abzugsort für den Rauch eines darunter zündelnden Feuers erinnert. Auch im Pantheon dient das Opaion praktischen Zwecken – als Abzugsloch und als (einzige direkte) Lichtquelle. Eventuell einfallender Regen wird übrigens durch eine sanfte Neigung des Fußbodens und kleine Abflüsse abgeleitet. Gleichzeitig aber bietet es dem im Raum Stehenden einen kreisrunden Ausschnitt derjenigen Region, die hier mit allen Mitteln der Kunst repräsentiert werden soll: der Himmel. Es stellt eine direkte Blickverbindung zu derjenigen Zone her, in der nach römischer Vorstellung die Götter oder, nach ihrer Apotheose, die vergöttlichten Herrscher wohnen.

»Götter« sind das Stichwort: Welche Idee steckt hinter dem spektakulären Bauplan des Pantheons, welches Ziel verfolgten seine Erfinder? Es ist angesichts seiner Popularität erstaunlich, dass die eigentliche Widmung des Gebäudes bis heute nicht sicher entschlüsselt werden konnte. Der Name »Pantheon« kommt aus dem Griechischen und bedeutet »allen Göttern geweiht«. Aber er ist uns erst aus dem Bericht eines Autors aus dem dritten Jahrhundert, Cassius Dio, bekannt. Dieser berichtet zwar, dass in dem Rundbau viele Götterstatuen gestanden hätten. Aber er ist sich keineswegs sicher, dass »Pantheon« der ursprüngliche Name des Tempels war; vielleicht, so spekuliert der Geschichtsschreiber, wurde es auch einfach nach seinem markantesten Element, der imposanten Himmelskuppel als Wohnsitz aller Götter, so genannt. Was erzählt der Bau selbst? Für die Widmung an die gesamte Götterschar sprechen die vielen gerahmten oder durch prächtige Säulen und Pilaster hervorgehobenen Wandnischen. Noch die 609 vorgenommene Weihe zur christlichen Kirche »Santa Maria ad Martyres« setzt diese Tradition fort: Das Pantheon wurde zur Gedenkstätte für alle römischen Märtyrer.

Aber wer wurde dann in der herausgehobenen, mit einer Halbkuppel wie ein Baldachin ausgestatteten Mittelnische geehrt? Auf diese Frage kommen wir gleich zurück. Schauen wir uns erst noch die Innenausstattung an: Alles, sowohl die Wand als auch der Fußboden, war und ist mit kostbarem Stein verkleidet. Gelber Marmor, grauer Granit und roter Porphyr machten aus dem Innenraum eine farbenprächtige Erscheinung, die angesichts unserer heutigen Vorliebe für Stein-, Sand- und Schlammtöne ein modernes Auge wohl überfordert hätte. Aber die antike Welt, das wissen wir heute sicher, war bunt wie Disneyland. Dem entsprach die Gestaltung des Fußbodens aus großen Steinplatten, die ein Muster aus Quadraten und Kreisen bilden und damit die pure Geometrie des Gesamtbaus auf das Schönste widerspiegeln.

Für unsere Augen einfach farbig, dekorativ und erstaunlich gut erhalten, enthielt der Fußboden für einen antiken Betrachter aber noch ganz andere Botschaften: Roter Porphyr (gr. »Purpur«) zum Beispiel rief sofort die Assoziation »Kaiser« hervor. Denn dieses Material war so kostbar, dass es allein allerhöchsten Personen vorbehalten blieb: Porphyr, damals in einem einzigen Steinbruch im fernen Ägypten abbaubar, war extrem selten. Dazu kam der gelbe »Giallo Numidiana«, der aus Nordafrika – Karthago – stammte, sowie der grau geäderte »Pavonazzetto« aus Kleinasien. Die Herkunft des grauen Granits (Granito Grigio) ist noch nicht geklärt – vielleicht wurde er aus den Pyrenäen oder den Alpen herbeigeschafft. Damit reflektierte der Fußboden die gesamte topographische Ausdehnung des römischen Imperiums, von Ägypten bis Asien, von Nordafrika bis Gallien. Er stellt, wie es der Archäologe Bernard Andreae formuliert hat, ein »in Stein übersetztes Regierungsprogramm« dar.[*]

Ein Regierungsprogramm in einer Kirche? Um das zu verstehen, muss man historisch noch einmal einen Schritt zurückgehen. Das Pantheon ist 118 n. Chr. fertiggestellt worden, aber es hatte einen Vorgänger. Diesen, errichtet ab 25 v. Chr. vom Schwiegersohn des Augustus, Marcus Agrippa, muss man sich als Sakralarchitektur in Gestalt eines runden Hofes vorstellen, der möglicherweise mit einer hölzernen Dachkonstruktion überdeckt – oder ganz offen war. Die Tradition, runde Höfe dem Dienst an den Göttern zu weihen, stammt aus dem italischen Kernland des Römischen Reiches. Neu war es, eine solche Rundarchitektur mit einem von Säulen getragenen Dreiecksgiebel zu kombinieren, wie er aus der griechischen Bautradition bekannt war. Agrippas Rundbau sollte Götterskulpturen aufnehmen, aber auch – so Agrippas Plan – eine Statue

[*] Hunt 2002, 868

des Augustus. Er war, so glauben die Archäologen heute, nämlich als eine Art architektonisches Denkmal für den Freund und Schwiegervater gedacht, den Agrippa dereinst zu beerben hoffte. Rom war aber damals noch eine Republik. Augustus musste vorsichtig sein: Wer das Machtgleichgewicht nicht beachtete, dem konnte es leicht wie seinem Adoptivvater Julius Cäsar gehen, der bekanntlich an den Iden des März 44 v. Chr. ermordet worden war. Augustus also ging diese Spielart des Herrscherkultes zu weit; er weigerte sich, schon zu Lebzeiten »vergöttlicht« zu werden. Sein Standbild landete, wie auch das des Agrippa selbst, in der Vorhalle des ersten »Pantheons«. Im Jahre 80 n. Chr. brannte dieser Bau ab, wurde durch Kaiser Domitian neu errichtet – und 110 n. Chr. erneut durch ein Feuer zerstört.

Als Kaiser Hadrian ihn wieder – und ungleich prachtvoller – aufbauen ließ, stellte er sich damit ganz in die Nachfolge des allseits verehrten »Friedenskaisers« Augustus. Deutlich macht dies die Bau-Inschrift außen am Giebel, die bescheiden den Namen des ursprünglichen Bauherrn, Marcus Agrippa, und nicht den des Hadrian nennt. Als Grund für die Zurückhaltung nimmt man, ganz ähnlich wie damals bei Augustus, politische Rücksichten an. Aber das wird heute als Verschleierungstaktik interpretiert. Hadrian war durchaus an der Wiedererrichtung eines Baus interessiert, der in so spektakulärer Weise für die Verehrung eines irdischen Herrschers eingerichtet worden war: Die noble griechische Vorhalle, das »Regierungsprogramm« des Fußbodens, die Kosmos-Allusion der Kuppel und die dominante Mittelnische konnten sehr wohl auch zur Inszenierung seiner eigenen Größe dienen. Inzwischen hat man ein weiteres Element entdeckt, mit dem sich die dramaturgischen Möglichkeiten des Pantheons noch einmal erheblich steigern ließen – den durch das Opaion einfallenden Lichtkegel. Er wandert sowohl im Rhythmus der 24 Stunden als auch dem der 12 Monate beständig durch den Innenraum. Am 21. April um 12 Uhr mittags ist dieser Lichtstrom genau auf den Eingang des Pantheons gerichtet. Das kann kein Zufall sein: An diesem Tag im Jahre 753 v. Chr. war, der Legende nach, die Stadt Rom von Romulus gegründet worden. Der mythische Stadtgründer galt als Vorbild desjenigen, zu dessen Ehren das Pantheon ursprünglich errichtet worden war: Augustus.

Die Idee, mit Lichteffekten auf historische und politische Zusammenhänge aufmerksam zu machen, beschränkte sich nicht auf das Pantheon. Einiges spricht heute für die These, dass dieses nur als ein Element innerhalb einer weiträumigen Installation angesehen werden muss, die mit gerichteten Sonnenstrahlen Herrscherkult betrieb. Zu dieser gehörten die Ara Pacis – der Friedensaltar des Augustus –, sein Mausoleum sowie das von ihm installierte riesige Jahreskalendarium in Gestalt eines Obelisken, das »Solarium Augusti«. Ideelle Grundlage für das groß angelegte urbanistische Projekt war der von Augustus gezielt zur Bekräftigung seiner Sieges- und Friedensideologie eingesetzte Kult um die Sonne, das heißt um die Sonnengottheiten Sol, Apoll und den ägyptischen Re. Wenn also Hadrian am 21. April das Pantheon betrat, fiel das Licht auf den Eingang und beleuchtete den Herrscher wie einen Popstar der Scheinwerferkegel. Der Kaiser erschien als Nachfolger des bewunderten Augustus und zugleich als Wiedergeburt des mythischen Stadtgründers Romulus. Vielleicht war das Pantheon in seiner uns überlieferten Gestalt weniger ein Tempel als eine mit Symbolen aller Art aufgeladene kaiserliche Audienzhalle? Wenn diese Annahme zutrifft, dann kann man sich vorstellen, für wen die Mittelnische in der Achse der Türöffnung reserviert war: nicht für Jupiter. Sondern für den Kaiser selbst.

MARGUERITE YOURCENAR
ICH ZÄHMTE DIE WÖLFIN
Die Erinnerungen des Kaisers Hadrian

Mehr und mehr dünkten mich alle Gottheiten in eins verschmolzen, unendlich mannigfache Kundgebungen und Ausflüsse der gleichen Kraft; ihre scheinbaren Widersprüche hoben sich in geheimnisvollem Zusammenhang auf. Der Bau eines Pantheons, eines Tempels für alle Götter, schien mir Pflicht. Zum Schauplatz wählte ich die Trümmer der Thermen, die Agrippa, der Schwiegersohn des Augustus, einst dem römischen Volke geschenkt hatte. Von dem alten Gebäude war außer der Vorhalle nur noch die Marmorplatte mit der Widmung an das Volk von Rom erhalten; sie wurde so, wie sie war, am Giebel des neuen Tempels angebracht. Obwohl der Gedanke dieses Denkmals von mir stammte, lag mir wenig daran, meinen Namen darauf zu verewigen. Im Gegenteil freute ich mich, daß eine mehr als hundertjährige Inschrift es mit den Anfängen des Kaiserreiches, mit der friedlichen Herrschaft des Augustus, verknüpfte. Selbst da, wo ich neu schuf, liebte ich es, alter Überlieferung getreu, fortzusetzen. [...].

Die Einweihung des Tempels von Venus und Roma wurde zu einer Art von Triumph. Wagenrennen und öffentliche Spiele wurden abgehalten, Gewürze und wohlriechende Essenzen an das Volk verteilt. Die vierundzwanzig Elefanten, die die riesigen Blöcke herangeschafft und dadurch die Sklaven bei ihrer Fron entlastet hatten, schritten, schwarzen Steingebilden gleichend, im Zuge einher. Als Datum für dieses Fest war der Jahrestag der Geburt Roms ausgesucht worden, der achte Tag nach den Iden des April des Jahres achthundertzweiundachtzig nach der Gründung der Stadt. Nie war der römische Frühling sanfter und einschmeichelnder gewesen, nie der Himmel blauer. Am gleichen Tage fand mit ernsterer, gedämpfter Feierlichkeit die Weihe im Inneren des Pantheons statt. Ich hatte die zu bescheidenen Entwürfe des Architekten Apollodorus mit eigener Hand umgearbeitet. Für die Grundform des Baues war ich auf die frühen, sagenhaften Zeiten des alten Roms, auf die etruskischen Rundtempel zurückgegangen, so daß mir die griechische Kunst nur als Zier und äußeres Beiwerk diente. Auf meinen Wunsch stellte dies Heiligtum aller Götter das Rund des Erdballs und des Himmelsgewölbes dar, der Erde, die die ewige Saat enthält, und der großen Höhlung, die alles umschließt. So waren auch die Hütten unserer Altvordern geformt gewesen, wo der Rauch der ältesten menschlichen Herdstätten durch eine Öffnung im First entwich. Die Kuppel, aus einer harten, leichten Lava gefertigt, wie einst geschleudert von den Flammen des Kraters, stand durch ein bald schwarzes, bald blaues Rundloch dem Himmel offen. Der offene und doch so geheimnisvolle Tempel war als Sonnenuhr angelegt. Die sorgsam von griechischen Maurern geglätteten Felder der Decke zeigten die kreisenden Stunden an; die lichte Scheibe des Tages sollte wie ein goldener Schild darüber hängen, der Regen auf dem steinernen Boden seine reine Lache bilden und das Gebet wie Rauch in jene Leere steigen, wo wir die Götter wohnen lassen. Das Weihefest war mir die Stunde, da alles sich erfüllte. Im Hintergrunde dieses Lichtbronnens stehend, hatte ich die Männer meines Prinzipates um mich, die Stützen des schon mehr als zur Hälfte vollendeten Lebenswerkes eines gereiften Mannes. Da war Marcius Turbo, ein getreuer Diener, mit seiner Gewissenhaftigkeit, da, würdevoll und bärbeißig, Servianus, dessen immer leiser gewisperte Sticheleien mich längst nicht mehr trafen, da stand in königlicher Eleganz Lucius Ceionius, und, ein wenig abseits, in jenem lichten Halbdunkel, das göttlichen Erscheinungen wohl ansteht, der schöne, verträumte Grieche, der mein Glück verkörperte. Auch meine Frau war anwesend, eben war ihr der Titel Augusta verliehen worden.

Seit geraumer Zeit zog ich den ungereimten Abhandlungen der Philosophen über die göttliche Natur die Sagen vor, in denen die Götter liebten und sich rauften. Gerne fühlte ich mich als irdisches Abbild eines Jupiter, der umso göttlicher wirkt, je menschlicher er sich gibt, Erhalter der Welt, Hort der Gerechtigkeit und Ordner aller Dinge, aber auch Verführer des Ganymed wie der Europa und lässiger Gatte einer sauertöpfischen Juno.

DAS MYSTERIUM
DER ACHT
DIE AACHENER
PFALZKAPELLE

Es war einmal … ein mächtiger Herrscher, Karl der Große. Die meiste Zeit seines unglaublich produktiven Lebens widmete er dem gewaltigen Projekt, »Heiden« in Christen zu verwandeln. »Unsere Aufgabe ist es«, so schrieb er 795 an den Papst, »Christi heilige Kirche vor der Zerstörung durch Ungläubige nach außen mit Waffen zu schützen, im Innern durch die Erkenntnis des katholischen Glaubens zu stärken.«[*] Hinter diesem Regierungs- und Lebensprogramm verbargen sich sowohl handfeste politische als auch spirituelle Interessen. Die Glaubensverbreitung, die Verwandlung von »Ungläubigen« in Christen, durchzusetzen nur mit Waffengewalt erbrachte eine permanente Vergrößerung des eigenen Einflussbereiches. Gleichzeitig versprach sie den größten denkbaren – nämlich den himmlischen – Lohn, das ewige Leben. Karl war auch persönlich fromm, besuchte zweimal täglich die Kirche, nahm an den nächtlichen Horen teil, bewunderte den heiligen Augustinus, förderte und reformierte die Klöster, erneuerte die Liturgie, tat alles, um »das Heil ewigen Friedens und ewiger Glückseligkeit« zu verdienen – und zu erlangen.[**]

Eines Tages beschloss der mächtige Frankenkönig, in seiner Lieblingspfalz Aachen eine eigene Kirche zu errichten. Es ist klar, dass sich mit diesem Plan auch repräsentative Bedürfnisse verbanden: Schon seine Dimensionen sollten dem Bau eine imperiale Bedeutung verleihen. Karl plante die Errichtung des größten Kuppelbaus nördlich der Alpen. Heute, wo mehrere spätere Zutaten wie der gotische Chor, die Türme und eine barocke Faltkuppel das Bild verunklären, ist das vielleicht nur noch schwer vorstellbar. Aber als die Pfalzkapelle kurz vor 800 fertiggestellt war, überragte sie mit einer Höhe von 30 Metern alles in ihrer näheren und ferneren Umgebung. Schon von weitem gab sie sich als ein zweigeschossiger Zentralbau mit Kuppel zu erkennen. Das untere Geschoss wurde der Gottesmutter und dem Heiligen Petrus, das obere dem Salva-

[*] Fried 2013, 261   [**] Ebd., 309

tor – Christus dem Erlöser – geweiht. Daneben aber sollte der Bau der ganzen Welt demonstrieren, wie intensiv sich Karl um den Glauben, um die Ausbreitung des Christentums, um den Dienst an Gott bemühte. Wie konnte man eine solche Idee, eine solche Botschaft ohne Worte, nur mit Zeichen, vermitteln? Indem man die Vollkommenheit der göttlichen Schöpfung auf das Präziseste widerspiegelte.

Die Kirche leuchtete schon von ferne in einem auffälligen ziegelroten Putz. Zu einem weithin strahlenden Stern auf der Landkarte mittelalterlicher Symbolorte wurde sie jedoch durch ihre Form: ein Achteck, das von einem sechzehnseitigen Umgang umgeben war. Die Zahl Acht nimmt in vielen Religionen, so auch in der christlichen, eine Sonderstellung ein. Man kennt die acht Seligpreisungen der Bergpredigt, man weiß, dass Christus dem ungläubigen Thomas am achten Tage nach Ostern erschienen ist. Und schließlich ist, wie die Bibel berichtet, Christus am siebten Tage von den Toten auferstanden – der Tag danach, der achte Tag, stand für den Beginn einer neuen Zeit, der Zeit des Gottesreiches, dessen Ausdehnung unendlich war. Die Acht galt als Zeichen der Vollendung und des Neubeginns in einer anderen Dimension. Sie versinnbildlicht »die ewige Seligkeit in der Unendlichkeit des Kosmos«.[*] Die Acht verlieh nicht nur Taufkirchen, sondern auch Grabbauten ihre Gestalt, denn der Tod galt als Tor zum neuen, zum wahren Leben. Karl der Große hat denn auch die Pfalzkapelle zu seiner Grablege bestimmt und damit der Hoffnung auf Teilnahme an der Herrlichkeit des Gottesreiches Gestalt verliehen. Auch das Innere enthielt deutliche Hinweise auf das Jenseits. Hier spielte besonders die Kuppel eine herausragende Rolle. Jeder Besucher muss geblendet gewesen sein von der über seinem Kopf, im magischen Schimmer goldglänzender Mosaiken, aufscheinenden Gestalt Christi. Der Gottessohn war hier als Herrscher über Himmel und Erde auf seinem Thron wiedergegeben (heute ist an dieser Stelle eine vergröberte Nachbildung des 19. Jahrhunderts zu sehen). Dieser Bildtypus der »Majestas Domini« wurde in der »Apokalypse des Johannes«, beschrieben. Sie erzählte in fantasiegeladenen Bildern vom Ende der Zeiten und vom Kommen eines neuen Reiches. Auch das Kuppelmosaik verwies also auf den Neubeginn nach dem Tod, auf das Jenseits. Gleichzeitig suggerierte es eine gedankliche Verbindung in die Jetztzeit – konnte Christus doch als himmlisches Gegenbild desjenigen irdischen Kaisers verstanden werden, der dieses Gotteshaus erbaut hatte, Karl selbst. Dessen »von Gottes Gnaden« eingesetzte Herrschaft erhielt auf diese

[*] Badstübner/Sachs 1973, 360

Weise eine höchst wünschenswerte Legitimation: Kurz nach Fertigstellung der Aachener Pfalzkapelle krönte man den Frankenkönig in Rom zum Kaiser.

Die Wände des Oktogons und seines sechzehneckigen Umgangs wurden prachtvoll mit farbigem Marmor und Stuck verkleidet, dessen Qualität und Verarbeitung die ästhetische Verbindung zu den berühmten Großbauten vor allem byzantinischen Ursprungs herstellte. Einem vergleichbaren Aufwand an imperialer Prachtentfaltung konnte man damals nur im fernen Konstantinopel begegnen. Neben der Ausstattung musste auch der filigrane Wandaufbau selbst höchst ungewöhnlich erscheinen: Dem an massive Mauern gewöhnten Blick des Betrachters begegnete hier eine luftige Konstruktion aus übereinandergestellten Bogenstellungen, in denen die Gesetze der Statik aufgehoben schienen. Kostbare antike Säulen, vor allem solche aus dem allein Kaisern vorbehaltenen roten Porphyr, versetzten den Erbauer dieses Wunderwerks in den Rang eines antiken Cäsar. Die hier als Spolien wiederverwendeten Säulen stammen von einem prominenten Ort, dem Palast des Königs Theoderich in Ravenna. Auch dies ist natürlich kein Zufall: Karl empfand den während des ganzen frühen Mittelalters als sagenhaften Helden verehrten Herrscher als eine Art Ahnherrn – nicht zuletzt, weil es diesem gelungen war, einen politischen Ausgleich zwischen Germanen- und Römertum herzustellen: Theoderich war einerseits König der Ostgoten, andererseits der Verwalter Italiens und damit das Haupt der weströmischen Regierung. Das erklärt auch, warum Karl sich für seine Hofkirche an einem zeitlich wie räumlich weit entfernten Modell orientierte, der Mitte des 6. Jahrhunderts entstandenen Kirche San Vitale in Ravenna. Im Zuge seiner Eroberung des Langobardenreiches hatte er Ravenna unter seine Kontrolle gebracht und die Kirche im Jahr 787 selbst gesehen.[*] San Vitale war – genau wie die Hagia Sophia in Konstantinopel – von Kaiser Justinian in Auftrag gegeben worden, dem Karl ebenfalls politisch nacheiferte. Mit dessen Namen verband sich das Bemühen um die Wiedervereinigung der westlichen und der östlichen Teile des alten Imperium Romanum zu einem Gesamtreich. An dessen Großbau, die Hagia Sophia, erinnerte in Aachen vor allem das Signal der Kuppel. Symbol des Universums und Baldachin aus Stein, suggerierte sie kaiserliche Würde und Gottesgnadentum. Der Verweis auf Byzanz stellte Karl, zu dessen Zielen die »renovatio imperii« gehörte, in eine Traditionslinie mit den großen Herrschern der Antike und Spätantike: ein wichtiger Propaganda-

[*] Bredekamp 2014, 68 ff.

Schachzug gegen die Konkurrenz des oströmischen »Basileus«, der sich als eigentlicher Erbe des römischen Reich betrachtete.

Vom Materiellen zum Immateriellen: Neben den sichtbaren sind es aber besonders die verborgenen Zeichen, die den Kern der Aachener Pfalzkapelle zu einem Ort der Vollkommenheit und der überzeitlichen Harmonie machen. Die Architektur ist durchdrungen von zahlensymbolischen Anspielungen aller Art. Makellos ausgewogene Proportionen stellen sich schon über das Verhältnis der Breite zur Höhe ein – es beträgt 1:2. Der Umfang des Achtecks misst genau 144 Fuß (ein Fuß zu 32,24 cm Länge). Womit wir wieder bei der Apokalypse wären, in der diese Zahl eine bedeutende Rolle spielt. In seiner Vision berichtet Johannes vom »Himmlischen Jerusalem«, dessen Mauern 12 × 12, das heißt insgesamt 144 Ellen lang sind. Aber damit noch nicht genug: Der Durchmesser des Oktogons beträgt 6 × 8 = 48 Fuß, der des Sechzehnecks das Doppelte; zusammen ergibt das 144 Fuß. Die drei Bogenreihen haben eine Höhe von ca. 31 Metern, wiederum 48 Fuß. Schließlich war der thronende Christus in der Kuppel nicht nur von den »24 Ältesten«, sondern auch von 144 Sternen umgeben, was einen entscheidenden Hinweis gibt auf die Bedeutung der immer wieder auftretenden Zahl: Sie spielt auf die in der Apokalypse genannten »144.000 Geretteten« an, nach Auffassung der Zeitgenossen eine Metapher für die Zahl der Erwählten überhaupt.[*] Architektur und Ausstattung der Pfalzkapelle verliehen ihr den Rang einer irdischen Repräsentanz des »Himmlischen Jerusalem«.

Dass dem Weltganzen eine arithmetische Ordnung zugrunde liegt, geht schon aus dem Bericht von der Erschaffung der Welt »in sechs Tagen« hervor. Zahlen und Proportionen verkörperten die Prinzipien des Seins; in ihnen lag, so haben es Plato, Aristoteles, aber auch der Kirchenvater Augustinus gesehen, das Geheimnis der Schönheit und der Vollkommenheit. Um die Ordnung des Kosmos reflektieren zu können, mussten die einzelnen Bauelemente in einem ausgewogenen Verhältnis zueinander stehen. Dazu passt die jüngste, überraschende Entdeckung der Bauforscher: Sämtliche Maße der Pfalzkapelle beruhen auf einem einheitlichen Bauraster von 6 Fuß. Auch das war kein Zufall: Die Sechs galt seit der Antike als »numerus perfectus«, als vollkommene Zahl, weil sie der Summe ihrer Teiler (1 + 2 + 3 = 6) und als einzige Zahl genauso dem Produkt dieser Teiler entsprach (1 × 2 × 3 = 6). 144 geteilt durch 6 ergibt 24, also zweimal 12 – womit wir wieder bei den Grundmauern des »Himmlischen Jerusalem« wären. In den Baumaßen verbirgt sich das Geheimnis.

[*] Fried 2013, 417

DIE KUPPEL DER PFALZKAPELLE
MIT DEM BARBARCSSA-LEUCHTER

Es war die Zahl, die das Unbegreifliche der göttlichen Schöpfung bewahren und vermitteln konnte. »Aber du«, so heißt es im Buch der Weisheit, »hast alles nach Maß, Zahl und Gewicht geordnet« (Weish 11,2).

Heute mag man solche Überlegungen leicht für Geistesspielereien halten, gerichtet an hochgebildete Spezialisten und Gelehrte: Wer konnte solche diffizilen Rechenexempel damals überhaupt verstehen? Das war im Mittelalter nicht wichtig. Damals ging man davon aus, dass ideale Maß- und Proportionsverhältnisse auch unbewusst wirksam waren. Die Harmonie der Architektur sollte über die ästhetische auch eine moralische Qualität erzeugen. Ihre Ausgewogenheit konnte die Seele der Menschen ins Gleichgewicht bringen – und sie letztendlich in eine geistige Sphäre hinüberleiten. In der Aachener Pfalzkapelle sind politische Ansprüche und spirituelle Anspielungen der Epoche Karls des Großen bis heute spürbar. »Herrlicher als die Werke der alten Römer« sei die Kapelle geworden, so rühmte der St. Gallener Gelehrte Notker Balbulus 883 das fertiggestellte Werk.[*] Karl war es gelungen, konkretes politisches Handeln und überzeitliche Hoffnung in einem einzigen großartigen Bau zur Geltung zu bringen. Wie eng verzahnt die beiden Sphären damals waren, zeigt die jüngste Diskussion um den Karlsthron auf dem oberen Umgang der Kapelle, dem Hochmünster. Seine antiken Bauelemente stammen offenbar aus der Grabeskirche in Jerusalem. Aber ob Karl je auf ihm Platz genommen hat, gilt heute als unsicher. Möglicherweise blieb der Thron leer – als fiktiver Sitz für den Weltenrichter, für dessen Ankunft Karl alles auf das Prächtigste hergerichtet hatte.

[*] Zit. n. Landschaftsverband Rheinland 2012, 2

EINHARD
VITA KAROLI MAGNI
Das Leben Karls des Großen

26. Die christliche Religion, mit der er seit seiner Kindheit vertraut war, hielt er gewissenhaft und fromm in höchsten Ehren. Deshalb erbaute er die wunderschöne Kirche in Aachen, die er mit Gold und Silber, mit Leuchtern und mit Gittern und Türen aus massivem Metall ausschmückte. Für diesen Bau ließ er Säulen und Marmor aus Rom und Ravenna bringen, da er sie sonst nirgends bekommen konnte. Er besuchte die Kirche regelmäßig morgens und abends, nahm an den nächtlichen Horen und an den Messen teil, solange es seine Gesundheit erlaubte. Er bestand darauf, daß alle dort abgehaltenen Gottesdienste mit möglichst großer Feierlichkeit zelebriert wurden. Oft ermahnte er die Kirchendiener, daß nichts Ungebührliches oder Unreines in die Kirche gebracht werden oder dort verbleiben dürfe. Er schenkte der Kirche viele heilige Gefäße aus Gold und Silber sowie eine große Anzahl von Priestergewändern: nicht einmal die Türsteher, die die niedrigsten Kirchenämter versahen, mußten während des Gottesdienstes ihre alltäglichen Kleider tragen. Größte Aufmerksamkeit widmete er der Verbesserung des liturgischen Lesens und des Psalmengesanges: er war in beidem selbst wohlbewandert, wenngleich er in der Öffentlichkeit nie vorlas und nur leise im Chor mitsang.

27. Ganz besonders lag Karl die Unterstützung der Armen am Herzen und jene uneigennützige Freigebigkeit, die von den Griechen mit dem Wort »Almosen« bezeichnet wird. Er übte diese Tugend aber nicht nur in seinem eigenen Vaterland und Reich, denn sobald er sicher wußte, daß die Christen in Syrien, Ägypten und Afrika, in Jerusalem, Alexandrien und Karthago in Armut lebten, schickte er ihnen aus Mitleid mit ihrer Lage regelmäßig Geld über das Meer. Vornehmlich aus diesem Grunde warb er um die Freundschaft der Fürsten jenseits des Meeres, damit er den unter ihrer Herrschaft lebenden Christen Erleichterung und Hilfe zukommen lassen könnte.

KUPPEL AN GOLDENENER KETTE
DIE HAGIA SOPHIA, ISTANBUL

Unkontrollierte Geräusche, vernehmliches Ausatmen, die Hand vor den Mund schlagen, Gänsehaut: Es gibt sie noch, die breite Skala archaischer Laute und Gesten, mit denen wir auf Erschütterung reagieren. In der Hagia Sophia kommen sie alle zum Einsatz. Der ungeheure Raum stürzt jeden, der ihn betritt, in den Abgrund der Fassungslosigkeit. Seine Größe, sein Licht, seine Form und seine Ausstattung lösen das Gefühl völliger Überwältigung aus – und die Frage, warum man nicht schon längst hier war, am Anfang des Lebens, als alles noch möglich schien. Oder warum man nicht jedes Jahr wiederkehrt.

Nicht zu unterschätzen in dieser Gesamt-Inszenierung, die sich die Geschichte hier geleistet hat, ist der Aschenputtel-Effekt: Von außen wirkt die Kuppelbasilika der »Heiligen Weisheit« wie ein gigantischer, angejahrter Steinhaufen, den man von weitem als verlassene Fabrikanlage identifizieren möchte. Die dünnen Minarette an den Ecken erinnern an Schornsteine, die ganze massige Anlage trotz Kuppelkalotte an ein Kraftwerk, etwa Londons Battersea Power Station. Schuld ist die Statik: Zur Zeit ihrer Erbauung im 6. Jahrhundert stand die Hagia Sophia frei. Immer wiederkehrende Einstürze, meist infolge von Erdbeben, machten die vielen Stütz- und Verstärkungsbauten notwendig, die den Bau heute wie ein Korsett umgeben. Auch die Kuppel stürzte, schon zwanzig Jahre nach ihrer Erbauung, im Jahr 558 ein; beim Wiederaufbau erhöhte man sie – um den Schub abzufangen – noch einmal um beträchtliche 6 bis 7 Meter.

Nach dem Durchqueren der Vorhalle wird der Besucher schockartig überfallen von einem Raum, der schon durch seine Größe überwältigt. Die immensen Dimensionen des Inneren machen es unmöglich, sich selbst zu verorten. Hochgradig irritierend ist auch die Heftigkeit, mit der hier Zeichensysteme – Christentum und Islam – aufeinandertreffen. Große, ernste Mosaikfiguren mit hypnotisierendem Blick einerseits, riesige Rundschilder mit arabischen Aufschriften andererseits. Vor allem aber ist es das Licht. Es durchströmt von allen Seiten – auch von oben – den Raum, es wird reflektiert von unzähligen, blattgoldbelegten Mosaiksteinchen und polierten Marmorverkleidungen – und es verleiht der Architektur eine mystische Dimension.

Wie entsteht so ein Raum, wer denkt sich so etwas aus? Um die Frage zu beantworten, müssen wir für einen Moment zurück in die Gründungszeit Istanbuls. Kaiser Konstantin hatte im 4. Jahrhundert ein Viertel des Römischen Weltreichs geerbt. Beide Eltern stammten vom Balkan, er selbst war in Serbien geboren. Zu seiner Hauptresidenz machte er jedoch Trier. Innerhalb weniger Jahre und unter heftigen militärischen Auseinandersetzungen gelang es ihm, seine Mitregenten auszuschalten. Konstantin stieg zum Alleinherrscher über das riesige Gebiet von der Nordsee bis zum Bosporus, vom Rhein bis Nordafrika auf. 324 verlegte er seine Residenz samt Verwaltungsschwerpunkt an die östliche Reichsgrenze, wohl weil diese durch die Perser besonders bedroht war. Vielleicht aber auch, weil er sich hier mehr zu Hause fühlte als an der Mosel. In Trier installierte er seinen Sohn Konstantin II.

Die kleine griechische Kolonie Byzantion, strategisch günstig am Bosporus zwischen Marmarameer und Goldenem Horn gelegen, entwickelte der Kaiser zur neuen Hauptstadt des Reiches. Ein Kapitol entstand, ein Hippodrom, ein Forum – und ein Herrscherpalast. Mit einem repräsentativen kaiserlichen Kultbau hielt Konstantin sich zurück: Er hatte zwar das Imperium für den neuen christlichen Glauben geöffnet, durfte aber nicht diejenigen verprellen, die sich weiter an die altrömischen Götter hielten. Er selbst – ein Wanderer zwischen den Welten des Heidentums und des Christentums – sah sich übrigens ganz pragmatisch als Inkarnation des »unbesiegbaren Sonnengottes«, des »Sol Invictus«, mit dem sich auch die Christen arrangieren konnten. Aber zurück zur Hagia Sophia: Erst Konstantins Sohn gab kurz vor 350 die Errichtung einer großen Kirche in Auftrag. Sie erhielt die Form einer Basilika, war also längsgerichtet, und verfügte über fünf Schiffe. Dieser »Große Kirche« genannte, Jesus Christus gewidmete Bau wurde während eines blutigen Aufstands gegen das Kaiserhaus 532 vollständig zerstört. Kaiser Justinian gab am 23. Februar 532 den Neubau der Kirche in Auftrag. Ihre Grundmaße von 77 × 71,7 Metern waren zwar durch den Vorgängerbau vorgegeben. Aber Justinian plante, sein neues Gotteshaus zur Hauptkirche des gesamten Erdkreises – und zugleich zur Nachfolgerin des bedeutendsten Sakralbaus der Antike, des Jupitertempels auf dem Kapitol, zu machen.

BLICK AUF DIE EMPORE UND HALBKUPPEL
DER SÜDÖSTLICHEN EXEDRA

Die kostbaren Steine für die Innendekoration kamen, schon dies ein deutliches Signal, aus allen Teilen des Römischen Reiches.

Justinian stammte aus einfachen Verhältnissen. Als sozialer Aufsteiger und Machtmensch hatte er es, wenn auch unter hohen Verlusten, geschafft, weite Teile des alten Imperium Romanum wiederzugewinnen. Möglich gewesen war dies unter anderem durch eine Innenpolitik, die auf die Sakralisierung des Kaisers ausgerichtet war. Die Behauptung, der Kaiser verdanke seine Befugnisse unmittelbar der göttlichen Gnade, verschaffte ihm eine praktisch unbegrenzte Legitimation; im Heiligen Römischen Reich wird sich diese Idee später unter dem Begriff »Gottesgnadentum« durchsetzen. Nicht-Christen übrigens wurden – kein Wunder – von Justinian erbarmungslos verfolgt: Sie mussten als potentielle Kritiker an der Gottnähe des Kaisers gelten.

Mit dem Bau seiner neuen Kirche ergriff Justinian die Chance, die Idee vom Gottesgnadentum in ein jedermann verständliches Zeichen zu verwandeln. Zum dominierenden Element seiner Inszenierung wurde die Kuppel. Warum war dem Kaiser die Kuppel ein zentrales Anliegen? Schon ihre Form sprach eine eindeutige Sprache. Als zentral organisierter Baukörper war die sphärische Wölbung ein Element, dessen Energie sich

auf einen einzigen Punkt, den Scheitelpunkt, richtete – und damit auf
den Kaiser, den Stellvertreter Gottes auf Erden. Gleichzeitig beschwor
sie die Erinnerung an andere berühmte Bauten herauf. Als Pantheon-
Zitat konnte man mit ihr leicht auf die Wiederherstellung der Größe des
römischen Imperiums anspielen, die ja zu Justinians erklärten politischen
Zielen gehörte. Aber die Wölbung hatte noch einen anderen Vorteil: Sie
wirkte wie ein riesiger steinerner Baldachin. Ein Baldachin aus kostbarem Brokat gehörte zu den traditionellen Würdezeichen orientalischer
Potentaten. Er hob eine Person aus der Masse heraus und machte damit
auf ihren hohen Rang aufmerksam. Die Kuppel scheint, so hat es schon
der zeitgenössische Historiker Prokop poetisch umschrieben, »an goldener Kette vom Himmel herabzuhängen«.[*] Tatsächlich erweckt die massive Wölbung aus großen, flachen Ziegeln den Eindruck, über den 40
Rundbogenfenstern in ihrer Basis zu schweben. Wie ein Mirakel ruht
sie lediglich auf einem Kranz aus Licht. Bis heute bemühen sich internationale Forschergruppen, das statische Geheimnis dieser singulären Konstruktion zu entschlüsseln. Ihre Bedeutung aber erschließt sich von
selbst: Die sphärische Form symbolisiert das Himmelszelt und damit
nach der Vorstellung der Zeitgenossen denjenigen Raum, der dem Menschen erst nach seinem Tod zugänglich sein wird. Die Kuppel ist »*Sitz
des Thrones der göttlichen Lichtherrlichkeit*«,[**] Ausdruck der Vollkommenheit, deren den irdischen Gesetzen enthobener Charakter auf neue
Weise erlebbar gemacht wird.

Den Architekten Anthemios von Tralles und Isidoros von Milet ist
in der Hagia Sophia gleichsam die Quadratur des Kreises gelungen. Sie
haben den rechteckigen Grundriss so aufgeteilt, dass sich in der Mitte
ein Quadrat ergibt. Rechts und links wird dieses von Rechteck-Räumen
flankiert. Die Hauptachse wird betont durch eine größere Scheitel-
kapelle. Damit entspricht die räumliche Struktur der Kirche einem auf-
geschnittenen und einmal auseinandergezogenen Pantheon. Über dem
mittleren Quadrat erhebt sich, nur gestützt von kolossalen Granitpfeilern,
die Kuppel, die mit 56 Metern Höhe die des Pantheons weit übertrifft:
mit einem Durchmesser von 31 Metern bleibt sie in der Weite allerdings
immer noch deutlich hinter dessen 43,5 Metern zurück. Die Rechteck-
Räume schließen nach oben mit Halbkuppeln ab. Vier weitere, kleinere
Nischen mit Halbkuppeln und »Seitenschiffen« umgeben das Zentrum.
Längsgerichteter und zentraler Raum verschmelzen hier zu einem neuen
Ganzen. Schon am 27. Dezember 537, nach nur fünf Jahren und zehn

[*] Vgl. Stichel 2003   [**] Zit n. Scheja 1963, 55

Monaten Bauzeit, konnte die Einweihung feierlich begangen werden. Als Kaiser Justinian seine Kirche betrat, soll er ausgerufen haben: »Salomo, ich habe dich besiegt (übertroffen)!«[*] Was er damit genau gemeint hat, war lange Zeit unklar. Erst Mitte des 20. Jahrhunderts haben Archäologen herausgefunden, dass die Hagia Sophia in Höhe, Breite und Länge exakt den im Alten Testament überlieferten Maßen des Salomonischen Tempels entspricht.[*] *»Der Salomonische Tempel war das Urbild des Gotteshauses insofern, als er das erste von Gott selbst gewählte und geoffenbarte Haus des wahren Gottes gewesen ist, und zwar das eine, zentrale, dem ganzen auserwählten Volke zugeordnete Gotteshaus. Wenn diese Auserwählung auf das Volk der Christen übergegangen war, so könnte sie in besonderem Sinne auch auf die eine, zentrale Kirche der kaiserlichen Stadt bezogen werden, auf die Hagia Sophia.«*[**]* Erst nach dem Ende des byzantinischen Bilderstreits, ab dem 9. Jahrhundert, stattete man die Hagia Sophia auf unglaublichen 280.000 Quadratmetern mit figürlichen Mosaiken aus 24-karätigem Gold aus, deren enormes kommunikatives Potential den Raum bis heute entscheidend prägt.

Sieben Jahrhunderte lang blieb die Hagia Sophia die größte Kirche der Welt. Von 641 an diente sie als Krönungskirche der byzantinischen Kaiser. 1453 eroberten die Osmanen Konstantinopel. Die Hagia Sophia wurde in ein islamisches Gotteshaus verwandelt – das Urbild für den Bautypus der Moschee. An den Kuppel-Pendentifs brachte man hölzerne Rundschilde mit den Namen Allahs, Mohammeds, der vier Kalifen und der beiden Söhne des Propheten an. Die meisten Mosaiken wurden zerstört oder übertüncht. 1935 erhielt die Hagia Sophia, einer Anregung Kemal Atatürks folgend, den Status eines Museums. Heute fordern konservative Muslime ihre Rückumwandlung in ein islamisches Gotteshaus. Für welche Zwecke auch immer man den Raum in Zukunft in Anspruch nehmen wird: Seine alle menschlichen Maßstäbe übertreffende Schönheit wird ihm niemand nehmen können.

[*] Ebd.,48 [**] Ebd.

PAULOS SILENTARIOS
DIE LICHTER DER HAGIA SOPHIA

Alles glitzert, überall – ihr werdet sehen – erblickt Euer Auge Meister-
liches. Mit klarer Stimme dieses abendliche Erwachen zu besingen, reichen Worte nicht aus. Es scheint, als erhelle eine nächtliche Sonne das
majestätische Gotteshaus. Und in der Tat haben Achtsamkeit und Ge-
schick meiner Könige lange Bronzeketten an symmetrisch gezwirbelte
Haken geknüpft, die über das Rund des Marmorsimses herabfallen, auf
das der stolze Tempel den Sockel seiner Kuppel stützt. Und von überall
schwingen sich diese Ketten, einem riesenhaften Diadem gleich, alle gemeinsam der Erde entgegen. Doch bevor sie den Boden erreichen, halten
sie in einiger Höhe inne in ihrem Sturz und vereinen sich in schwester-
licher Runde. Und hier ist nun an der aus den Lüften kommenden Kette
ein Kranz aus silbernen Scheiben befestigt, die über dem gewölbten Rand
des mittleren Kuppelraumes hängen. Und diese schweben kreisförmig
über den Köpfen der Gläubigen. Ein weiser Mann hat sie alle mit seinem
Schmiedestab durchbohrt, damit sie das zarte, im Feuer geformte Glas
zu tragen vermögen, jenes Gefäß, in dem das nächtliche Licht für die
Gläubigen befestigt wird. Doch nicht nur von diesen Scheiben strömt
das Licht, Gefährte der Nacht, herab: inmitten dieses Kreises, nahe den
Scheiben, ist auch ein großes Kreuz sichtbar, das an der Hinterseite ein
leuchtendes Gefäß trägt, dessen Licht durch die durchbrochenen Formen und zahlreichen Öffnungen fällt. Ihre strahlenden Lichterkränze
bilden einen Kreis. […]
     So zieht in dieser Kirche die abendliche Flamme ihre Runden und
sendet ihre eifrigsten Strahlen aus. Und in einem inneren, kleineren
Kreis findet sich der Lichterschein eines weiteren Kranzes. Genau in
seiner Mitte ist eine weitere herrliche Scheibe befestigt, die, aus den
Lüften herabgestiegen, ihren Glanz ausstrahlt. Hinfort getrieben weicht
die Dunkelheit.
     Nahe dem Hauptschiff, bei den Säulen auf jeder Seite, sind einzelne
und voneinander getrennte Leuchten verteilt. Sie ziehen sich weit über
die gesamte Länge der Kirche. Unter einer jeden von ihnen wurde, gleich
einer Waagschale, ein silberner Kelch aufgestellt, in dem sich Gefäße mit
leuchtend brennendem Öl befinden. Sie hängen nicht alle in gleicher
Höhe, nein, wir sehen, wie sie sich mal höher, mal niedriger in all ihrer

Pracht sanft wiegen. Von der gedrehten Kette schicken sie ihre Strahlen auf den Weg in die Lüfte, in alle Höhen, gleich der auf die Stirne des Stiers gezeichneten Hyade, die ihre Strahlen in Bündeln aussendet, und sehen aus wie silberne Schiffe. Sie tragen eine Fracht aus Licht, schwebend ziehen sie durch die helle Luft, nicht über das Meer.

TOLERANZ, IN STEIN GEMEISSELT
DIE CAPPELLA PALATINA, PALERMO

Staunen, Überwältigung: Eine Hülle aus warmem Gold – Gold und riesigen Figuren, Gesichtern, Ornamenten. Gesichter vor allem, Augen, die einen ansehen, in den Blick nehmen, hypnotisieren. Eine Kapelle, deren Wände und Pfeiler überzogen mit unzähligen kleinen Glassteinchen, Säulen aus diversen Marmorsorten, Bögen, Kuppeln, im Westen ein besonders gestalteter Platz, auf den noch zurückzukommen sein wird, ein Dreiecksgiebel, alles perfekt durchgestaltet – und dann die Decke. Die Decke passt nicht. Wie eine dunkler Hohlraum sitzt sie auf dem Quader des Langhauses, eher gewachsen als gemacht, aus kleinen Einheiten aufeinandergestapelt, ein Bienenstock, eine Tropfsteinhöhle, ein Faltengebirge: eine gewaltige Irritation.

Was ist hier passiert? Erster Schritt: Die Cappella Palatina ist als Hofkapelle errichtet worden. Heute ist sie umbaut von den Mauern und Bögen eines großen Renaissance-Hofes, früher stand sie frei neben einem großen, festungsartigen Palast. Die seltsame Kombination erklärt sich aus der Historie. Die Geschichte beginnt im 9. Jahrhundert, als die Araber – Sarazenen und Berber – das südliche Italien (und nicht nur dieses) eroberten. Sie ließen der christlichen Bevölkerung ihren Glauben – und überzeugten durch attraktive Importartikel: Zitronen und Orangen, Pistazien und Melonen, Dattelpalmen und Maulbeerbäume für die Seidenraupenzucht. Den ersten Hafen, den sie in Sizilien erobern, nannten sie »Marsa Allah«, den Hafen Gottes – den dort erzeugten feinen Likörwein, »Marsala«, trinken wir heute noch. Besonders aber die ausgefeilten Bewässerungstechniken der Araber machten Sizilien zu einem Paradiesgarten – mit günstigsten Auswirkungen auf die Wirtschaft. Beide Bevölkerungsgruppen, (griechische) Christen wie Muslime, arrangierten sich. Und der Emir errichtete in Palermo auf luftigem Hügel eine Sommerresidenz.

DIE CAPPELLA PALATINA IST EIN
TEIL DES NORMANNENPALASTES

Zweiter Schritt: Um das Jahr 1.000 machten einige Ritter aus der Nor-
mandie auf der Rückreise von einer Pilgertour nach Jerusalem in Süditalien Station. Ihr fürstlicher Gastgeber bat sie um Hilfe gegen die immer
wieder einmal aus Nordafrika einfallenden Sarazenen, die ihre Tribut-
zahlungen eintreiben wollten. Die tatkräftigen Normannen schlugen die
anziehenden Araber in die Flucht – und erhielten zum Dank Landbesitz.
Damit begann der lange, ungeplante und unorganisierte Prozess der Eroberung Süditaliens und Siziliens durch die Normannen. Unterstützt
wurde sie vom Papst, dem natürlich daran gelegen war, die »Ungläubigen«
zurückzudrängen. In Sizilien herrschten damals noch die Sarazenen. Die
wilden Nordmänner trafen hier auf eine hochzivilisierte orientalische
Kultur, deren Regeln sie erst verstehen, deren Sprache sie erst lernen
mussten. Ende des 11. Jahrhunderts wurde nach zahllosen Konflikten aus
den vielen Kleinstaaten ein organisiertes Gebilde. Der Papst ernannte

ARABISCHE, BYZANTINISCHE UND NORMANNISCHE
STILELEMENTE VEREINEN SICH

den Normannen Roger de Hauteville zum Grafen von Sizilien. Roger zog in den Palast des Emirs, beließ den Moslems ihre Moscheen und rekrutierte aus ihren Reihen seine Infanterie.

Dritter Schritt: 1130 ließ sich sein Sohn Roger II. zum König von Sizilien erheben. Wie hat er das geschafft? Roger II. ist der Geschichte als genialer Politiker und Stratege in Erinnerung. Ihm gelang es, seine Besitzungen um ganz Süditalien zu arrondieren und Richtung Papst eine klare Gegenposition aufzubauen, so dass dieser die neu gewonnene Selbstständigkeit eines Königtums anerkennen musste. Damit nicht genug: Er erwarb Besitzungen in Nordafrika und eroberte 1146 Tunis. Seine Macht erstreckte sich auf das gesamte zentrale Mittelmeer. Roger II. wurde zum reichsten Herrscher Europas. Sein Erfolg verdankte sich auch dem Umstand, dass er politisch eher auf Integration denn auf Unterdrückung setzte. Den orientalischen Gebräuchen gegenüber zeigte er sich auch persönlich durchaus aufgeschlossen – sein ausgedehnter Harem war legendär ...

Zur Demonstration seines hohen Ranges ließ König Roger II. einen prächtigen Bau errichten. Er diente als Multifunktionsraum: Einerseits war er »Aula regia«, also königlicher Empfangs- und Repräsentationssaal, andererseits Ort für Gottesdienste. 1140 konnte die Weihe der Cappella Palatina gefeiert werden. Wenn jemand von der Statur Rogers II. eine Palastkapelle bauen lässt, denkt er nicht an einen kleinen privaten Andachtsraum. Dann geht es um Repräsentation, um Klärung der Positionen, um politische Botschaften. Konkurrenten und Höflinge, Kirchenfürsten und Gleichrangige sollen hier zunächst per sinnlicher Überwältigung überzeugt werden davon, dass der sizilianische König eine unmittelbare, besondere Nähe zu Gott hat. Er braucht keine Mittler (und schon gar nicht den Papst). Wie kann man das anschaulich machen? Der Besucher kam, anders als heute, von unten, aus der Unterkirche – vom Dunkeln ins Licht. Die Treppe endete, ungewöhnlicherweise, vor der westlichen – der Rückwand des Raumes. Hier aber stand der Thron des Kaisers; noch heute erkennt man in der Wand die farbigen Marmor-Inkrustationen in Form eines stilisierten Tempels. Genau hinter dem Kopf des Kaisers ein Achteck aus rotem Porphyr und damit jenem kostbaren purpurfarbenen Stein, der allein Herrschern vorbehalten war. Weiter oben und nicht zufällig genau in der Achse Christus, flankiert von den Aposteln Petrus und Paulus. Der König vertritt die göttliche Gewalt auf Erden – sinnfälliger lässt sich der Begriff »Gottesgnadentum« nicht darstellen. Dazu passt es, dass der vielfarbige Marmorfußboden, so pries Bischof Theophanes bei der Weihe, einer bunten Frühlingswiese glich, nur dass diese Blumen, anders als die natürlichen, nicht vergänglich, sondern ewig seien – eine Anspielung auf das Paradies, die damals jeder Besucher verstand: Im Hause des Herrschers ist man dem Paradies schon ganz nah.

Seine Kapelle erhält eine besondere Form – ein Langhaus mit Seitenschiffen, über ihnen Rundfenster. Es folgt ein Chorraum mit einer großen, zentralen Kuppel und, über den Apsiden, drei weiteren Halbkuppeln (Mosaiken der Hauptapsis leider erneuert). Dieser gesamte Chorraum wird mit Mosaiken überzogen. Ihr irreal goldenes Leuchten wirkt überwältigend. Es repräsentiert die Gegenwart des Heiligen. Überlebensgroße Figuren machen die unbegreifliche Existenz Gottes für den Menschen anschaulich. Christus, Maria, das Gotteslamm, Wächterengel und Seraphim als Hüter der Paradiestüren vermitteln mit feierlichem Ernst und suggestiv aufgerissenen Augen zwischen der diesseitigen und der jenseitigen Welt.

Modell für diese Ausstattung war, wieder einmal, die Hagia Sophia in Konstantinopel, gestiftet im 6. Jahrhundert von Kaiser Justinian, dem bewunderten Vorbild Rogers II. Wie genau sich Roger II. auf das Vorbild bezieht, zeigt eine gut erkennbare griechische Inschrift an der Basis der Kuppel: »Andere Herrscher aus früherer Zeit errichteten / andere Orte zur Verehrung der Heiligen. / Ich hingegen, Roger, König und Zepterträger, / überreichte dem ersten Schüler des Herrn, / dem Erzschäfer und Chorführer Petrus, / dem Christus die Kirche übergab, / die er selbst erwarb, / indem er wunderwirkend sein Blut vergoss, / […] genau im Jahr / fünfzig, plus noch einmal die erste Einheit, / nachdem das sechste Jahrtausend vergangen ist und das sechste Jahrhundert gemessen wurde« [gemeint ist das Jahr 6651 nach der alten Zeitrechnung, beginnend mit der Schöpfung der Welt, was dem modernen Jahr 1143 entspricht]. – Roger II. knüpft an die Leistung, aber auch an die Stellung Justinians als Stellvertreter Gottes auf Erden an (»andere Herrscher«). Und als der Mönch Philagatos Cerameus am 29. Juli 1143 zur Einweihung der Cappella Palatina eine Predigt hielt, diente ihm eine Beschreibung der Palastkirche Santa Sophia in Konstantinopel als Vorbild; deren Urheber war der am Hof Justinians tätige Autor Paulus Silentiarius. »Auf diese Weise erhielt die Predigt des Philagatos eine bewusst politische Konnotation, da Roger II. mit Justinian, Palermo mit Konstantinopel und die Cappella

DETAIL DER MARMOR-INKRUSTATION

Palatina mit S. Sophia in Beziehung gesetzt und das Normannische dadurch implizit als kaisergleich aufgewertet wurde.«*

Zu den großen Leistungen Rogers II. zählt das von ihm initiierte Gesetzgebungswerk. Auch dieses orientiert sich am Vorbild des »Corpus iuris civilis« Kaiser Justinians. In den (wohl 1140) entstandenen »Assisen von Ariano« sind wie in einer Verfassung Bestimmungen zur kirchlichen und öffentlichen Rechtsprechung, aber auch über eine staatliche Zulassungsprüfung für Ärzte niedergelegt. Nur wer diesen Text kennt, kann die visuelle Botschaft der Cappella Palatina richtig verstehen. Denn Roger II. spricht in der Präambel ausdrücklich von der »varietas populorum nostro regno subiectorum«, der (ethnischen) Vielfalt der seiner Herrschaft unterstellten Menschen. Ihre unterschiedlichen Lebensformen sei er bereit anzuerkennen.** Dass er diese tolerante Einstellung auch umsetzte, belegte seine eigene Hofhaltung, die Araber, Griechen und Lateiner gleichermaßen als Schreiber und Notare, Dichter und Wissenschaftler, Priester und Theologen, politische Berater und Militärs in friedlicher Gemeinschaft beschäftigte.

Die Decke ist der Beweis: Ein Meisterwerk arabischer Schnitzkunst, führt sie hoch oben über den goldenen Mosaiken ein Eigenleben. Zeitgenössische Quellen beschreiben sie als den »Nachthimmel mit dem Chor der Sterne«.*** In den Fältelungen ihrer Muqarnas verbergen sich zahlreiche kleine Szenen – mit 750 Figuren stellt sie den größten zusammenhängenden Bilderzyklus weltweit dar. Ihre Deutung erwies sich als schwierig: Jagdszenen, Flötenspieler, Palmen, plätschernde Brunnen,

* Geis 2014, 175   ** Tronzo 1997, 136   *** Ebd., 60

Schachspieler, Frauen, die auf Elefanten reiten, Löwen, Fauna und Flora, aber auch Johannes der Täufer – und schließlich der König selbst, der wie ein Schlangenbeschwörer im Schneidersitz auf einem Kissen sitzt, den Weinkelch in der Hand. Kufische Inschriften verbreiten zusätzlich gute Laune: Gesundheit, Segen, Glück, Reichtum, Größe, Schönheit – auch Sieg. Ein Programm also, wie man heute glaubt, das die Wirkung der Herrschaft Rogers II. preist – Heiterkeit, Wohlleben, irdische Freuden für jedermann –, so wie es Roger II. – in kufischer Schrift – auf seinen Prunkmantel hatte sticken lassen: Tage und Nächte mögen [unter seiner Regierung] im Vergnügen dahingehen, ohne Ende und Veränderung.«[*] Der heute in der Kaiserlichen Schatzkammer in Wien aufbewahrte Mantel gehört zu den Reichsinsignien des Heiligen Römischen Reiches Deutscher Nation und wurde ab dem 13. Jahrhundert für die meisten Krönungen römisch-deutscher Kaiser verwendet. Ironie der Geschichte: Die Karriere so manches fanatischen Kreuzzüglers begann unter dem Zeichen des Islam …

Wo, wenn nicht hier, in Palermo, war es möglich, einen Kult- und Repräsentationsraum zu schaffen, dessen muslimische Anteile fast so groß sind wie seine christlichen? Roger II. hat den Mut besessen, der von ihm gewünschten Gleichstellung der Kulturen und Religionen eine architektonische Form zu verleihen. Ein »lateinische« Basilika, ein »byzantinischer Chor und eine »muslimische« Decke bilden ein Ganzes, das vielleicht nicht unseren ästhetischen Vorstellungen von vollendeter Harmonie entspricht. Aber es repräsentiert eine Idee, eine gesellschaftliche Utopie. Und einen glücklichen Moment in der Geschichte, in dem kulturelle Verschiedenartigkeit und religiöse Differenz nicht als Bedrohung, sondern als Bereicherung empfunden wurde: Toleranz, in Stein gemeißelt.

PS: Rogers II. Nachfolger Wilhelm II. hat das schon wieder anders gesehen: Er schuf mit der Kathedrale in Monreale um 1180 zwar einen Raum, dessen riesige Mosaik-Zyklen sich deutlich auf die Cappella Palatina beziehen. Aber arabische Elemente sind hier nicht mehr zu finden. Das Bildprogramm ist ein rein römisch-christliches, der König stilisiert sich zum Abbild Christi (Rex Imago Christi). Der Traum von der Kulturverschmelzung, er war ausgeträumt.

---

[*] Ebd, 61

GUY DE MAUPASSANT
SIZILIEN

Palermo hat eine sehr merkwürdige Form. Die Stadt, hingekuschelt in die Mitte eines weiten Kreises nackter Berge von einem hie und da mit Rot akzentuierten Graublau, wird von zwei grossen geraden Strassen in Kreuzform in vier Teile geteilt. Von dieser Kreuzung aus erblickt man nach drei Seiten hin die Berge am Ende der riesigen Häuserkorridore; nach der vierten Seite hin sieht man das Meer, ein blauer Fleck, von einem rohen Blau, und des scheint ganz nah, als ob die Stadt hineingestürzt wäre!

Ein Wunsch verfolgte mich an diesem Abend meiner Ankunft; ich wollte die Cappella Palatina sehen, die man mir als das Wunder aller Wunder gepriesen hatte.

Die Cappella Palatina, die schönste Kapelle der Welt, das überraschendste Juwel religiöser Kunst, das der menschliche Geist je erdacht hat und Künstlerhände je ausgeführt haben, ist im schwerfälligen Bau des Königspalastes eingeschlossen, der ehemaligen Befestigungsanlage der Normannen.

Betritt man nun die Kapelle, so nimmt sie einen gefangen, als stünde man etwas gegenüber, dessen Macht man bereits spürt, bevor man es noch begriffen hat. Die farbige und ruhige, durchdringende und unwiderstehliche Schönheit dieser kleinen Kirche, die ein absolutes Meisterwerk ist, bannt den Betrachter von den riesigen goldgrundigen Mosaiken, die mit ihrem sanften Leuchten das ganze Bauwerk mit ihrem dunklen Licht füllen und ihn sogleich an biblische und göttliche Landschaften denken lassen, wo man in einem feurigen Himmel die Gestalten all derer wahrnimmt, die teilhatten am Leben des Menschensohnes.

Wenn man unsere gotischen Kathedralen betritt, so weht den Betrachter ein strenges, fast trauriges Gefühl an. Ihre Grösse ist imposant, ihre Majestät beeindruckend, aber kaum verführerisch. Hier hingegen ist man überwältigt, bewegt von etwas fast Sinnlichem, das die Farbe der Schönheit der Formen hinzufügt.

Die Menschen, die diese leuchtenden und doch auch dunklen Kirchen erdachten und erbauten, hatten mit Sicherheit eine ganz andere Idee von Religiosität als die Architekten der deutschen oder französischen Kathedralen; ihrem schöpferischen Geist war es am wichtigsten, das Tageslicht in diese so wunderbar dekorierten Kirchenschiffe einzulassen, aber so, dass man es nicht spürt, dass man es kaum sieht – es sollte sich hereinstehlen, kaum die Mauern streifen und mysteriöse und bezaubernde Effekte schaffen; es sollte aussehen, als ob das Licht den Mauern selbst entströme, den weiten, goldenen, mit Aposteln bevölkerten Himmeln.

1132 von König Roger II. in gotisch-normannischem Stil erbaut, ist die Cappella Palatina eine kleine Basilika mit drei Schiffen. Sie ist nur 33 Meter lang und 13 breit, ein Spielzeug, ein Schmuckstück von einer Basilika.

Zwei Reihen herrlicher Marmorsäulen, eine jede von anderer Farbe, führen bis unter die Kuppel, von der ein kolossaler Christus, von Engeln mit ausgebreiteten Flügeln umgeben, herniederblickt. [...] Geht man zum Ausgang zurück, so verhält man vor der Kanzel, einem einfachen Quadrat aus rotem Marmor, um das ein Fries von weissem, mit winzigen Mosaiken besetztem Marmor herumläuft und das von vier feingearbeiteten Säulen getragen wird. Und man staunt, was der Geschmack, der reine Geschmack eines Künstlers, aus so wenig machen kann.

Der ganze staunenswerte Effekt dieser Kirchen besteht übrigens in der Mischung, in der Gegensätzlichkeit von Marmor und Mosaiken. Dies ist ihr spezielles Charakteristikum. Der gesamte untere Teil der Mauern, weiss und nur mit kleinen Zeichnungen, feinsten Stickereien aus Stein dekoriert, lässt eben durch diese Einfachheit die farbige Reichhaltigkeit der Themen, die den oberen Teil bedecken, hervortreten.

Aber auch in diesen winzigen Stickereien, die wie farbige Spitzen auf dem unteren Mauerwerk entlanglaufen, entdeckt man herrliche Dinge, nur handtellergross: zwei Pfauen zum Beispiel, die in ihren gekreuzten Schnäbeln ein Kreuz halten.

Man findet diese Art von Dekoration in mehreren Kirchen Palermos. Die Mosaiken der Martorana sind vielleicht in ihrer Ausführung noch bemerkenswerter als die der Cappella Palatina, aber in keinem anderen Bauwerk findet man das herrliche Zusammenspiel, das dieses göttliche Meisterwerk so einzigartig macht.

PARADIES MIT KRIEGSWAFFEN
DER LÖWENHOF DER ALHAMBRA, GRANADA

Was ist das Großartige, das Besondere, das Einmalige am Löwenhof? Wenn man ihn sieht, könnte man spontan an einen Kreuzgang denken: ein offener Hof, ein von Säulen getragener Umgang, in der Mitte ein Brunnen … alles wie immer, klösterliche Stille, Askese, das fromme Auf-und-ab-Wandern mit dem Brevier in der Hand. Doch sehr schnell tauchen im Blickfeld ungewohnte ästhetische Phänomene auf. Sie setzen andere Assoziationen frei – Orient – vielleicht auch Rosenwasser – Harem – träge Stunden auf dem Diwan – jemand reicht frische Datteln – Kants »interesseloses Wohlgefallen« breitet sich aus – nichts ist zu tun. Alles ist anders in diesem »Kreuzgang«, dessen Name ja daran erinnert, worum es bei seiner Erfindung ging. Hier sind die Säulen ungewöhnlich dünn, die Arkadenbögen spitz zulaufend, und es gibt keine Heiligen. Dafür sind sämtliche Mauerflächen mit einem extrem filigranen Ornament-Gespinst überzogen: zarte Spitze in Stein, in sich ganz leicht bewegt, immer wieder neue Formen, neue Liniengebilde, neue Stalaktiten ausbildend, die das Auge und den Geist mäandern lassen. In der Mitte bündelt ein massiver Brunnen die Energie dieses offenen Raumes. Seine Marmorschale liegt ziemlich tief. Sie wird von zwölf kleinen Löwen gestützt. Sie streben vom Zentrum aus in alle Richtungen, und aus ihren Mäulern sprudelt Wasser.

Der Hof formt das Herzstück des Palastes, der nach ihm benannt ist: Löwenpalast. Arabische Bauten kennen keine repräsentativen Fassaden, sondern sie werden vom Inneren aus erlebt. Löwenhof, Harem – der abgeschlossene Trakt für die Frauen und Kinder – und verschiedene große und kleinere Säle bildeten eine geschützte, private Welt für sich. Der Löwenhof ist rechteckig und weist eine kreuzförmige Binnenstruktur auf: Vier steingefasste Wasserrinnen laufen auf ein Zentrum, den Löwenbrunnen, zu. Alle vier Seiten sind von einem Säulengang umgeben – ein Kennzeichen westlicher Architektur. An jeder Schmalseite wächst aus ihnen ein kleiner offener Pavillon heraus: Seine grazilen Säulen stehen mal allein, mal gebündelt. Dies wiederum ist so aus der westlichen Baukunst nicht bekannt. Wie der Palmenhain einer Oase bieten sie Schatten und Wasser, das aus flachen runden Becken ins Zentrum fließt.

Wegen dieser vier Wasserzuläufe hat man im Löwenhof gewöhnlich eine Darstellung des Paradieses erkannt. Dazu passt die Nachricht, dass er – unter anderem – mit Sevilla-Orangenbäumen bepflanzt war; die Pflanzen wurden aus denkmalpflegerischen Gründen inzwischen entfernt, da ihr Wurzelwerk die Mauern zu zerstören begann. Die Vorstellung des Paradieses als Garten, der durch ein Achsenkreuz in vier Felder unterteilt ist, hat eine lange Tradition – sie ist bei den Sumerern nachgewiesen und speist noch die altbekannte Beschreibung in der Bibel: »*Und es ging von Eden aus ein Strom, zu wässern den Garten, und teilte sich von dannen in vier Hauptwasser…*«[*] Auch der Koran kennt übrigens das Bild des von Strömen durchzogenen Paradiesgartens. Der wasserdurchzogene Hof wäre damit Abbild des einen Ortes, der »den Himmel auf Erden« verspricht.

Das kann man nachvollziehen. Was aber bedeuten die Löwen? In ihnen hat man – wieder einmal – eine Anspielung auf den weisen König Salomo erkannt. Dieser nämlich hatte, so steht es im Alten Testament, für den Vorhof seines Tempels ein »Meer aus Erz« aus Bronze gießen lassen, das den Ozean darstellen sollte. »*Und es stand auf zwölf Rindern, von denen drei nach Norden gewandt waren, drei nach Westen, drei nach Süden und drei nach Osten, und das Meer stand obendrauf, und ihre Hinterteile waren alle nach innen gekehrt.*«[**] Die Beschreibung von »Salomos Meer« passt perfekt zum Löwenbrunnen – nur dass Muhammad V. die seinem royalen Anspruch vielleicht nicht genügenden Rinder durch die herrscherlichen Löwen ausgetauscht hätte. Andere haben in den Löwen die Vertreter der zwölf Tierkreiszeichen erkennen wollen. Dann wäre der Hof nicht religiös, sondern kosmologisch zu deuten. Doch wirken die Löwen viel archaischer als der Rest der Anlage. Sind sie älter? Die Frage ist noch immer nicht eindeutig beantwortet. Aber eine neuere Hypothese besagt, dass die Löwen bereits im 12. Jahrhundert entstanden sind und die 12 Stämme Israels verkörpern. Sie sollen aus dem Haus des jüdischen Wesirs Yusuf Ibn Nagrela stammen. Er wurde 1066 bei dem ersten Pogrom, das sich auf europäischem Boden abgespielt hat, dem als »Massaker von Granada« in die Geschichte eingegangenen Massenmord an der jüdischen Bevölkerung, auf grausame Weise getötet.

[*] Bibel, Genesis 2, 10–12   [**] Bibel, 1. Könige 7, 23

Vielleicht aber kommen wir dem Geheimnis des Löwenhofs anderswo auf die Spur: Seine Wände und Wölbungen sind, mit dem für die islamische Kunst charakteristischen »horror vacui«-Effekt, vollständig mit stalaktitenartigen Verzierungen und mit flachen, in Gips geschnittenen Lineamenten überzogen. Man kann sich verlieren in diesen unaufhörlich auf- und absteigenden Bögen, Blüten und Ranken, im kunstvollen Mäandern der Schriftbänder, in durchbrochenen Rautenmustern und Arabesken, in Zellen, Waben und jenen teppichartigen Mustern, die Auge und Geist gleichermaßen in Bewegung halten. Die islamische Kunst vermeidet grundsätzlich figürliche Darstellungen. Als Ausdrucksträger nutzt sie Licht, Luft und Wasser, Gärten, Stille, Raum – und natürlich das Ornament. Wie eine feinmaschige Klöppelarbeit überzieht es die Wände und befreit diese somit optisch von jeder statischen Funktion. Richtig spannend aber wird es, wenn man sich die arabischen Inschriften einmal genauer anschaut. Sie sind sämtlich auf Augenhöhe angebracht, und viele von ihnen wiederholen den – überall im Palast zu findenden – Satz »Es gibt keinen Sieger außer Allah«. Das Religiöse wäre damit der alles durchziehende Grundton, vor dem sich die reiche Klangwelt der Alhambra so frei entwickelt.

In den an den Hof angrenzenden Wohnräumen findet sich eine Anzahl von Gedichten an den Wänden. Ihr Schöpfer war der Hofdichter Ibn Zamrak. Seine Verse bringen, und das ist höchst originell, die Architektur selbst zum Sprechen: »*I am the garden revealed in new beauty every day! Observe my splendor and you will benefit in understanding my status [...] We have not seen any garden higher in its appearance / And clearer in its horizons, or ampler in its assembly halls / And we have not seen any garden, more pleasant in its freshness, more fragrant in its surroundings, or sweeter in its fruits.*«[*] Brunnen, Nischen und Wände erklären dem Sultan selbst ihre Schönheit und ihre Bedeutung. Kuppeln werden mit dem Herrscher dienenden Konkubinen, Bögen mit »Himmelssphären, die sich über der leuchtenden Morgensonne drehen«, ganze Räume mit dem Himmelsgewölbe verglichen.[**] Im Unterschied zu den oft versteckten symbolischen Anspielungen westlicher Räume kommuniziert der Nasriden-Palast direkt: Der Herrscher, seine Familie, der Hof sowie die kulturelle Elite können lesen und verstehen, welche tiefere Bedeutung sich hinter all der Schönheit verbirgt. Über das Schriftbild und den Inhalt sollen die Verse zur Kontemplation einladen ... Eines haben alle Gedichte gemeinsam: Sie preisen irdische Freuden, nicht himmlische. Augen und Geist sollen

[*] Rabat 1985, 68   [**] Lopez, Andreu (o. D.),129

INSCHRIFTEN AUF DEN WÄNDEN
DER ALHAMBRA-HÖFE

sich an der juwelengleichen Schönheit der Wassertropfen, am glänzenden Marmor, an den Gestirnen, den Blüten, Düften und Früchten erfreuen. Löwenpalast und -hof haben, so glaubt man heute, Muhammad V.
als ein »ländliches« Refugium gedient. Es verhielt sich zur offiziellen
Residenz etwa so wie das Petit Trianon zum Schloss Versailles.[*]

Auch den Rand des Löwenbrunnens ziert ein Stück Poesie, das mit
außerordentlicher Emphase über die mit der Gartenskulptur verbundenen Ideen berichtet: »Gelobt sei, wer dem Imam Muhammad schöne
Ideen gab, um seine Paläste auszuschmücken. Gibt es etwa in diesem Garten nicht Wunder, die Gott in ihrer Schönheit unvergleichlich gemacht
hat, und eine Perlenskulptur von durchsichtiger Klarheit, deren Ränder
wiederum mit kleineren Perlen verziert sind? Geschmolzenes Silber fließt
zwischen den Perlen, mit denen es in weißer und reiner Schönheit wett-
eifert. Wasser und Marmor scheinen eins zu sein, ohne dass wir wissen,
welches von beiden eigentlich fließt. Siehst du nicht, wie das Wasser sich
in das Becken ergießt, aber das Innere versteckt es sogleich? Wie ein Lie-
bender, dessen Augenlider von Tränen übervoll sind, so versteckt er diese
aus Angst, verraten zu werden. Ist es nicht in Wirklichkeit eine weiße
Wolke, die in die Löwen ihre Wassermengen ergießt, und scheint es nicht
die Hand des Kalifen zu sein, die des Morgens die Kriegslöwen mit
Schmeicheleien überhäuft? Wer die Löwen in ihrer bedrohlichen Hal-

[*] Rabat 1985, 64

DAS MARMORBECKEN DES BRUNNENS
WIRD VON ZWÖLF LÖWEN GESTÜTZT

*tung anschaut, [weiß], nur die Ehrfurcht [vor dem Emir] kann ihrem Zorn
Einhalt gebieten. Oh Abkömmling der Ansaren, und dies nicht in indi-
rekter Linie, Erbe des edlen Geschlechtes, der auch die Einfältigen achtet:
Dass Gottes Frieden mit dir sei und du unversehrt ein langes Leben habest,
auf dass die Festgelage einander folgen mögen und du deinen Feinden
großen Kummer zufügest!«** Das klingt nicht nur nach ewigen Partys, nach
harmloser Entspannung im Freien: Die Löwen sind somit nicht nur exo-
tische Dekoration, sondern Symbole – sie dienen als Kriegswaffen.

Die latente Aggression, die sich in der Formation der zwölf Löwen
verbirgt, hatte einen realen Hintergrund. Denn wo befinden wir uns hier
eigentlich? Die verzauberte Welt der Höfe und Paläste wird von massiven
Mauern geschützt. Die Alhambra ist eine Festung, genauer gesagt: eine
von Festungsmauern und Türmen geschützte Stadt, die schon von den
Römern militärisch genutzt wurde. Im 9. Jahrhundert bauten die Mauren
sie zu einem Stützpunkt aus. Als Spezialisten für Bewässerungssysteme
hatten sie die Landwirtschaft in »al-Andalus«, wie das muslimische
Spanien jetzt hieß, ungeheuer ertragreich gemacht. Ihre Hauptstadt Cór-
doba galt mit ca. 500.000 Einwohnern im 9. Jahrhundert immerhin als die

* Lopez, Andreu (o. D.), 117 f.

größte und reichste Stadt Europas. Die Alhambra besteht aus einem militärisch genutzten Festungsteil, einem Landgut (»Generalife«) und den »Nasriden«-Palästen. Die Dynastie der Familie Nasr herrschte seit Mitte des 13. Jahrhunderts über das Emirat von Granada. Ihr Palast wurde sukzessive ausgebaut; die uns interessierenden Elemente gehen auf den Emir Muhammad V. zurück, der hier zwischen 1362 und 1391 eine üppige Bautätigkeit entfaltete. Der Königspalast besteht aus drei separaten Bereichen: dem halböffentlichen oder Büro-Trakt (Mexuar), in dem die Justizverwaltung und die Abteilung für Staatsangelegenheiten untergebracht war, dem Comares-Palast, der als offizielle Residenz des Sultans diente, und dem Löwenpalast. Der spektakulär mit Holz- und Stuck-Ornamenten, Muqarnas-Gewölben und -bögen, mit ornamentierten Kacheln und verschlungenen Inschriften ausgestattete Comares-Palast weist, vielleicht seines offiziellen Charakters wegen, rein muslimische Formen auf. Seine Räume öffnen sich im Inneren auf den herrlichen »Myrtenhof,« der seinen Namen den entlang des Wasserbeckens gepflanzten Myrtensträuchern verdankt. Das Wasser spiegelt hier in vollkommener, gravitätischer Stille seine Umgebung, während es in anderen Bereichen glitzernd und plätschernd eine belebende Atmosphäre entfaltet. Mitten in diese arabische Welt hinein hat außerdem Karl V. nach der Rückeroberung Spaniens im Jahr 1492 einen Renaissance-Palast gesetzt: eine europäische Ideal-Architektur, die in diesem Kontext wie ein monumentales Siegeszeichen wirkt.

Der Löwenbrunnen hält dagegen die Erinnerung an eine kritische Phase im Leben Muhammads V. wach. 1359 hatte man ihn gestürzt und ins marokkanische Exil geschickt. 1362 gelang es ihm durch einen Putsch, das Emirat zurückzugewinnen. Zu Hilfe kam ihm dabei sein christlicher Freund und Verbündeter, Pedro I., König von Kastilien, genannt Pedro der Grausame. Der kastilische König war ein großer Freund der islamischen Kultur. Seinen Palast in Sevilla ließ er von Handwerkern und Künstlern aus dem nasridischen Granada bauen. Und umgekehrt hat er, so glaubt man heute, den Erbauer des Löwenhofs mit christlichen Architekturvorstellungen vertraut gemacht. Dass der Löwenhof als Kreuzung aus beiden Kulturen zu verstehen ist, verdankt sich der Freundschaft zwischen beiden Herrschern. Der Brunnen ist das Denkmal für den Moment, in dem sich diese Freundschaft politisch bewährt hat.

WASHINGTON IRVING
ERZÄHLUNGEN VON DER ALHAMBRA.
DIE ALHAMBRA

Der Szenenwechsel war fast märchenhaft zu nennen. Wir fühlten uns in frühere Zeiten zurückversetzt und als Teilhaber einer längst vergangenen Geschichte. Niemand kann sich die Herrlichkeiten vorstellen, die die nach außen so einfach scheinenden Maurenpaläste in sich bergen. Wir befanden uns in einem großen, mit weißem Marmor gepflasterten, reich-verzierten Hof. An seinen beiden Enden konnte man schöne arabische Rundbögen bewundern, deren zierliche Säulen Pilaster und Wölbungen architektonisch feinster Konstruktion trugen. Auch sahen wir herrliche Stuckarbeiten und Gipsschnitte zwischen Sims und Bogen von selten lebhafter und dabei doch feiner Polychromie. Das Wasserbecken in un-gewöhnlichen Dimensionen, 130 Fuß lang und 30 Fuß breit, das die Mitte dieses schönen Patios einnahm, war voll farbiger Fische und von blü-henden Rosenhecken eingefaßt. Patio de la Alberca heißt dieser Hof, der als Musterbild derartiger granadinischer Anlagen gelten kann. Das Bas-sin, spanisch *alberca* und arabisch *al-beerkah* genannt, gab ihm den Na-men. Der am oberen Ende der Anlage hinter dem Portikus stehende massive Turm, dessen Zinnen drohend herunterschauen, läßt die Gale-rien graziös und zierlich erscheinen. Es ist der Torre de Comares, der Berg-fried der Alhambra.

Durch einen maurischen Bogengang gelangten wir weiter in den berühmten Löwenhof. Er gehört zu den bekanntesten und am meisten abgebildeten Teilen Granadas, und wohl kein Teil und kein Saal der Paläste gibt einen vollkommeneren Begriff von der ursprünglichen Schönheit und Pracht der maurischen Alhambra als dieser Patio de los Leones, dem die Jahre, die Witterung und menschliche Raubgier wenig Schaden zugefügt haben. In seiner Mitte steht der in Gesängen und Er-zählungen viel gerühmte und aus unzähligen Zeichnungen bekannte Lö-wenbrunnen. Die Alabasterschalen gießen noch immer ihre diamantenen Tropfen aus, wie damals zur Zeit Boabdils; und die zwölf Löwen tragen das Wasserbecken wie ehedem, als die Baumeister Mohammeds V. das Kunstwerk schufen. Blumenbeete ersetzen die früheren Bodenfliesen aus reinstem Marmor. Diese Veränderung führten die französischen Truppen durch, als sie die unbeliebte und nicht gewollte Besatzung der Stadt stellten. Die den Hof umgebenden Arkaden, welche von zierlichen, weißen Marmorsäulen getragen werden, zeigen herrlichen Wabenschmuck, schönste Stuckarbeiten und künstlerischen Wandbelag. Wie in allen Teilen des Palastes zeigt auch hier die Architektur eher ausgesuchte Feinheit und exquisite Eleganz als bauliche Erhabenheit und Größe. Sie verrät einen zarten, anmutigen Geschmack, der den Neigungen der Bewohner zu besinnlichem und müßigem Genuß und Vergnügen Rechnung trug. Wenn man die feenhaften Verzierungen an den Laubengängen betrachtet, die anscheinend zerbrechlichen Stukkaturarbeiten an Bögen und in den Wölbungen, die Waben und Rauten an Säulen und Trompen, dann staunt man wirklich, daß so viele seltene Kunstwerke den zerstörenden Einfluß der Jahrhunderte, die Stöße der Erdbeben, die Heftigkeit der Kriege und Revolutionen, und ganz besonders die stille, aber nicht minder verderbliche Diebshand und Sammelwut angeblich kunstsinniger Besucher überdauert haben. Diese Tatsache genügt wahrhaft, um den Volksglauben und die Sage vom magischen Baumeister der Alhambra als wahr anzunehmen, denn nur ein Zauber konnte die Burg beschützen und der Nachwelt erhalten.

EIN GRAB FÜR GÜNTER
DAS COLLÈGE
DES BERNARDINS, PARIS

D as Collège des Bernardins – ein Ausbildungsplatz für Bernhar-
dinerhunde? Nein. Oft, aber nicht immer weisen erste Assoziationen den richtigen Weg. Bernardins oder Bernhardiner – so
wurden auch die Zisterzienser-Mönche genannt, nach ihrem
berühmtesten Vertreter, dem heiligen Bernhard von Clairvaux. Das Collège des Bernardins war ein Studienzentrum. Es lag mitten im Quartier
Latin, dem intellektuellen Zentrum der damaligen Welt, ganz in der Nähe
der um 1200 gegründeten Pariser Universität. Sie war im Zuge jener kulturellen Revolution entstanden, die im 13. Jahrhundert die Gravitäts-
zentren der Wissensvermittlung von den Klöstern in die Städte, an die
neu gegründeten Universitäten von Bologna, Paris, Oxford verlagerte.
Auch die Ausbildung der Mönche veränderte sich in jener Zeit erheblich:
Sie entwuchsen sowohl geistig als auch körperlich der Enge ihrer Klöster
und konnten, zwar noch in den von den Orden unterhaltenen Studien-
zentren, aber doch in direktem Austausch mit der Sorbonne und den
zahlreichen anderen Kollegs, Theologie studieren.

Die damit einhergehende intellektuelle Öffnung und Horizonterwei-
terung war erheblich. Wie sagt es der Dominikaner-Gelehrte Thomas von
Aquin so schön: »Gott bewahre mich vor jemandem, der nur ein Buch gelesen hat.«

Mit Ausnahme des Refektoriums der Franziskaner sind fast alle der
klösterlichen Ausbildungsstätten im Laufe der Jahrhunderte verschwun-
den.[*] Die Zisterzienser-Uni aber hat sich erhalten. Warum? Weil sich
ihr großartiges Hauptgebäude für andere Nutzungen anbot. Nach der
französischen Revolution diente es zunächst als Gefängnis. Seit 1845 aber
drängten sich Feuerwehrfahrzeuge im ehemaligen Refektorium der
Mönche: Das Collège diente bis vor kurzem als Hauptquartier der 5. Kom-
pagnie der Pariser Feuerwehr. Inzwischen hat man den Saal wieder in
seinen ursprünglichen Zustand versetzt. Das sprichwörtliche hässliche

[*] Das im 14. Jahrhundert errichtete Studienzentrum der Franziskaner, das Collège des Cordeliers
ist heute Teil der medizinischen Hochschule von Paris.

Entlein verwandelte sich zur Überraschung auch der Pariser in einen traumhaft schönen Schwan.

Eine gotische Halle, ein luftiger Saal: 2001 erwarb die Diözese von Paris das Gebäude, um hier ein kulturelles Forum zu etablieren. Seit 2008 ist das Refektorium wieder frei – und seine Erscheinung möglicherweise makelloser denn je. Mit etwa 5.000 Quadratmetern Fläche gehört es zu den größten mittelalterlichen Gebäuden in Paris. Der Raum selbst ist 70 Meter lang, 14 Meter breit und ca. 6 Meter hoch. 70 zu 14, das entspricht einem Verhältnis von 1 : 5 und damit einer Gestaltung nach bewusst harmonischen Gesichtspunkten; vielleicht lässt sich sogar die Höhe des Raums aus der Addition der Zahlen Eins und Fünf erklären. Auf den ersten Blick begeistern Licht, Großzügigkeit und Eleganz. 34 Säulen in zwei Reihen unterteilen das Rechteck in drei gleich hohe Schiffe. Aus ihnen erwachsen feingliedrige Kreuzgratgewölbe. Die Säulen so grazil, die Bögen so hoch: Es scheint, als habe der mittelalterliche Baumeister den Raum in seinem Streben nach Entfaltung möglichst wenig behindern wollen. Erstaunlich große, tief herabgezogene Fenster lassen eine Fülle von Licht hereinströmen. Früher waren ihre Öffnungen durch feine Maßwerk-Ornamentik gefüllt; auf deren Wiederherstellung hat man bei der jüngsten Restaurierung verzichtet.

Die Halle atmet zugleich Konzentration und Offenheit. Die weiten Fensteröffnungen erlaubten eine maximale Ausnutzung des kostbaren Tageslichts und eine Kommunikation mit dem Außen. Die hohen Decken und luftigen Bogenöffnungen boten Gedanken den Raum zur freien Entfaltung. Der gleichmäßige Rhythmus der Säulen entsprach dem geordneten Tagesablauf des Mönchslebens.

Das eigentliche Geheimnis der Raumwirkung aber verbarg sich in ihren Proportionen und in der Art, wie das Licht den Raum erfüllt: Denn wenn ein sakraler Raum gemäß den Gesetzen harmonischer Proportion entworfen war, ahmte er nach mittelalterlicher Vorstellung nicht nur die Ordnung der sichtbaren Welt nach, sondern er vermittelte zugleich auch eine Andeutung von der Vollkommenheit des Gottesreiches.[*] Ebenso wurde das natürliche Tageslicht als Entsprechung des unfassbaren Leuchtens angesehen, das von Gott ausging. Es brachte Schönheit, Erkenntnis und Wahrheit hervor. »Licht und leuchtende Gegenstände gewährten – nicht anders als musikalische Harmonien – Einblick in die Vollkommenheit des Kosmos und ließen etwas von der Macht des Schöpfers ahnen.[**]

[*] Simson 1968, 58   [**] Ebd., 79

Vielleicht ist es diese Idee der Konzentration, die Philosophie des »Weniger ist mehr«, die den Raum für ein modernes Auge so außergewöhnlich attraktiv macht. Der Grundriss ist simpel, der Raumabschluss gerade und nur durch ein kleines Vierpassfenster hervorgehoben. Besonders auffällig ist die Zurückhaltung im Bereich der Säulen und ihrer Kapitelle. Anderswo werden an diesen neuralgischen Punkten der Architektur ganze Figurenzyklen ausgebreitet, Bibelszenen kommuniziert oder magische Abwehrszenen gegen das Böse entfaltet. Hier sind es einfache Kelche, die sich nach oben zu einer blockhaft-archaischen achtblättrigen Blütenform erweitern. Auch der gebrochene, niedrige Sockel nimmt die symbolträchtige Achtzahl (siehe Kapitel Aachen) wieder auf. Auf den Wänden hat man zwar Spuren einer ursprünglichen Ausmalung entdeckt. Aber wie viel mehr entspricht die heutige sanfte Champagnerfarbe des traditionellen, unter der Oberfläche der Pariser Stadtlandschaft gebrochenen Kalksandsteins unserer aktuellen Vorliebe für »Grau-Beige-Greige« … Die Restaurierung durch den französischen Architekten Jean-Michel Wilmotte hat nicht überall Begeisterung hervorgerufen. Seine Entscheidung, sich ganz auf pure Formen, helle Holztöne und eine indirekte Beleuchtung zu verlassen, setzt jedoch die traditionell auf Licht und Raumwirkung konzentrierte Zisterzienser-Architektur einfühlsam in die Gegenwart fort.

Wie ein Schiff war der Refektoriumsbau als kompakte Einheit mit drei unterschiedlichen Funktionsebenen eingerichtet. Das nobel proportionierte Hauptgeschoss war, so nimmt man heute an, durch mobile Wände unterteilt. Den größten Raum beanspruchte das Refektorium, der klösterliche Speisesaal: Die Zisterzienser essen schweigend, während ihnen aus der Bibel vorgelesen wird. Andere Einheiten dienten als Seminarräume und Studierzimmer, als Kapitelsaal und Küche. Eine kleine Kapelle schloss sich an. Unter dem Dach befand sich das Dormitorium – ein einziger großer Schlafsaal für zunächst zwanzig Mönche. Eine sehr ungewöhnliche, eindrucksvolle Konstruktion verbarg sich in der Erde – ein Raum, den man mit der Bezeichnung »Keller« beleidigen würde. Auch er erhielt mit Gewölben, die auf kräftigen, niedrigen Säulen ruhen, eine ausgesprochen gediegene Ausgestaltung. Hier waren die Lebensmittel- und Weinvorräte untergebracht – leider machten immer wiederkehrende Überflutungen von der nahegelegenen Seine her der Pracht schnell ein Ende: Der so liebevoll gestaltete unterirdische Vorratsraum erwies sich als unbenutzbar und wurde bald mit Erde verfüllt. Wie bei Zisterzienser-Klöstern üblich, war die gesamte Anlage von einer großen Mauer umgeben; in ihrem Schutz wurde zudem ein Nutzgarten angelegt.

Die ästhetische Zurückhaltung und Transparenz des Refektoriums lässt dem Betrachter des 21. Jahrhunderts eine angenehme Freiheit. Ob er angesichts der hohen Gewölbe metaphysische Ideen entwickelt, ob er angesichts der Achtzahl an die Herabkunft einer neuen Welt denken mag, ob er im Vierpassfenster das Bild der himmlischen Herrlichkeit erkennt, bleibt ihm selbst überlassen. Aber für den Menschen im 13. Jahrhundert enthielt der Bau eine ganz andere, sehr konkrete Nachricht. Die visuelle Botschaft, mit der sich das Refektorium an die Welt richtete, lautete »Einfachheit, Demut, Askese«. Die Verbreitung dieser Botschaft gehörte zum Kerngeschäft der Zisterzienser. Sie hatten sich um 1100 als ein gegen die Prachtentfaltung und das Luxusleben der Benediktiner – Stichwort Cluny – gerichteter Reformorden gegründet. Ihre Klöster erbauten sie bewusst in abgeschiedenen Tälern, ihre Einnahmen erwirtschafteten sie mit eigenen Händen, ihre Kirchenbauten verzichteten auf Türme, farbige Fenster und Skulpturenschmuck. Und ihre Lebensform richtete sich wieder nach der alten, um 540 verfassten Ordensregel des heiligen Benedikt.

Geistiger Vater der Zisterzienserbewegung war Bernhard von Clairvaux. Sohn eines Ritters, hatte er sich zu einem Leben in Armut und Demut entschlossen und war in das Kloster Cîteaux eingetreten, von dem sich der Name des Ordens ableitet. Radikal und wortgewandt bekämpfte er Prunk und Besitzstreben der Kirche. Viel zu große Gotteshäuser, viel zu luxuriöse Speisen, viel zu prachtvolle Gewänder seien, so seine Meinung, mit dem Geist mönchischer Demut und Nächstenliebe nicht zu vereinbaren. Die Ausschmückung der Kirchen mit Bildern und Skulpturen, mit Monstern, mit Löwen, Tigern, Affen und kämpfenden Rittern, schien ihm widersinnig und überflüssig. Stattdessen forderte er, ähnlich wie heute Papst Franziskus, eine Rückkehr zur Essenz des Christentums. Der im Jahre 1174 heiliggesprochene Zisterzienser hat die erfolgreiche europaweite Ausbreitung seines Ordens entscheidend befördert. Dazu gehörte auch, wie man heute sagen würde, die Erschaffung einer »Marke«. Bernhard sorgte dafür, dass »die darstellenden Künste, das Ornament im zisterziensischen Kirchenbau ersetzt werden durch eine unübertroffene Reinheit sowohl der Konstruktion als auch der architektonischen Proportion«.[*] Ebendiese beiden Aspekte, die Konstruktion und die Proportion, die Ästhetik des konstruktiven Gerüstes und die Harmonie der Maßver-

[*] Ebd., 74

hältnisse, machen die bis in die heutige Zeit reichende architektonische Qualität des Refektoriums aus.

Als sich 1245 Etienne de Lexington, Abt des Klosters Clairvaux, zur Etablierung eines Studienzentrums entschloss, musste dieses der Corporate Identity des Ordens entsprechen.

Lexington war ein weltgewandter Mann, der, aus England stammend, selbst schon in Paris und Oxford studiert hatte. Nach verschiedenen Karrierestationen in England, Irland und Frankreich war der einflussreiche Mönch 1243 zum Abt in Clairvaux ernannt worden – ebenjener Abtei, die Bernhard mehr als hundert Jahre zuvor gegründet hatte. Die Etablierung eines Studienzentrums mitten in Pa-

BEI DER RESTAURIERUNG ENTDECKTE CHRISTUS-STATUE AUS DEM 14. JAHRHUNDERT

ris, dem geistigen und kulturellen Zentrum Europas, wurde zu seinem Lieblingsprojekt. Das Collège sollte ein Ort werden, von dem aus die Theologie der Zisterzienser europaweit verbreitet werden konnte, ein Fenster zur Welt. Studierende aus ganz Europa wurden hierher zu Ausbildung und Austausch geschickt, damit sie das Gelernte dann in ihrer Heimat umsetzten: Für die Durchsetzung seiner Ideen setzte der nach modernen Gesichtspunkten organisierte, zentralistisch operierende Zisterzienser-Orden ganz auf die Gründung von Filial-Klöstern bis in die entferntesten Winkel Europas. Dass das Zisterzienser-Kolleg tatsächlich eine erstaunlich weiträumige Attraktionskraft entwickelte, beweist ein anrührender Fund in der heutigen Sakristei. Dort wurde, versehen mit einer sorgfältig gestalteten Grabplatte, der Mönch Günter begraben. Er war aus dem fernen Thüringen zum Studium nach Paris gekommen und – hoffentlich nicht aus geistiger Überlastung – hier gestorben.

Und die Pointe? 1338 wurde ein Angehöriger des Zisterzienser-Ordens, Benedikt XII., zum Papst gewählt. Zuvor hatte er einige Jahre als Theologie-Professor am Collège gelehrt. Als Papst hatte er die Möglichkeit und auch die Mittel, seine alte Wirkungsstätte mit einer prächtigen Kirche auszustatten. Gesagt, getan: Ein gewaltiger gotischer Bau wuchs im rechten Winkel zum Refektoriumsgebäude empor. Sein Dach wurde mit leuchtend farbigen Ziegeln dekoriert – ein Hinweis auf die burgundischen Ursprünge des Ordens. Doch – aus heutiger Sicht sieht es wie eine stumme Mahnung aus – im Laufe der Zeit versiegten die Geldquellen. Die Kirche blieb unvollendet: Gottesdienste fanden über Jahrhunderte in einer Bauruine statt. Im Lauf der französischen Revolution riss man den Bau ab. Der heilige Bernhard hätte, so darf man annehmen, nur fein gelächelt.

OTTO VON SIMSON
ÜBER DAS LICHT

Für das zwölfte und dreizehnte Jahrhundert war das Licht Quelle und eigentliches Wesen aller sichtbaren Schönheit. Selbst Denker so verschiedener Geistesart wie Hugo von St. Victor und Thomas von Aquin schreiben beide der Schönheit zwei Hauptcharakteristika zu: rechte Proportion im Zusammenklang der Einzelteile und lichte Klarheit. Eben dieser Eigenschaft wegen werden Sterne, Gold und Edelsteine schön genannt. Sowohl in der philosophischen als auch in der höfischen Literatur dieser Zeit werden zur Beschreibung sichtbarer Schönheit die Eigenschaftsworte »durchsichtig«, »leuchtend«, »klar« am häufigsten gebraucht. Diese ästhetisch begründete Vorliebe drückte sich damals auch aufs deutlichste im Kunstgewerbe mit seiner ausgesprochenen Freude an glänzenden Gegenständen, schimmernden Materialien und spiegelnden Oberflächen aus. Dem gleichen Geschmack entspricht der kühne und großartige Gedanke, Mauern durch durchleuchtete Wände zu ersetzen, dem das gotische Fenster seine wunderbare Entwicklung verdankt. In den großen Heiligtümern des zwölften und dreizehnten Jahrhunderts wird eben dieses Leuchten von den Zeitgenossen immer wieder gewünscht und gepriesen: So die »lichtere Struktur«, die die alte Kathedrale von Auxerre durch Anbringung oder Erweiterung von Fenstern erhält, oder im Falle des Sugerschen Chors von St. Denis, daß eine strahlende Kirche an Stelle einer dunkleren entstanden ist.

Dieses mittelalterliche Erlebnis der gotischen Architektur stimmt mit unserem eigenen überein. Aber es ist erwachsen aus einer umfassenderen Weltsicht, mit der es unlösbar verbunden blieb und als deren Ausdruck es erlebt wurde; uns ist aber eben dieses Erlebnis fremd geworden. […] Für den damaligen Denker war Schönheit nicht ein unabhängiger Wert, sondern die Ausstrahlung der Wahrheit, der Glanz der Vollkommenheit des Seienden und diejenige Eigenschaft der Dinge, die ihren göttlichen Ursprung widerspiegelt. Licht und leuchtende Gegenstände gewährten – nicht anders als die musikalischen Harmonien – Einblick in die Vollkommenheit des Kosmos und ließen etwas von der Macht des Schöpfers ahnen. […]

Darüber hinaus ist das Licht das schöpferische Prinzip in allen Dingen, am wirksamsten in den Himmelssphären, von wo aus es alles organische Wachstum hier auf Erden hervorbringt; am schwächsten in den irdischen Substanzen. Aber auch in ihnen ist es vorhanden, denn – so fragt Bonaventura – beginnen nicht Metalle und Edelsteine zu glänzen, wenn wir sie polieren, werden nicht aus Sand und Asche Glasscheiben gemacht, schlägt Feuer nicht aus schwarzer Kohle hervor und bezeugt nicht die Leuchtkraft der Dinge das Vorhandensein des Lichts in ihnen? Für die mittelalterlichen Denker ist Licht die Voraussetzung von Ordnung und Wert. Der objektive Wert eines Gegenstandes wird durch den Anteil an Licht bestimmt, der ihm innewohnt. Und wenn wir Freude beim Anblick leuchtender Dinge empfinden, dann begreifen wir etwas von ihrer ontologischen Würde, von ihrem Rang in der Ordnung des Seienden.

GEOMETRIE ALS GOTTESBEWEIS

DIE PAZZI-KAPELLE, FLORENZ

E ndlich Ruhe. In der anstrengend dichten Florentiner Kunst-
atmosphäre existiert ein Ort, an dem man durchatmen kann: die
Pazzi-Kapelle an Santa Croce. Sie ist leer, sie ist überschaubar,
sie vermittelt (zumindest) visuelle Stille. Der Raum ein Würfel,
mit angedeuteten Seitenarmen, darüber eine Kuppel. In der Achse ein
Mini-Chor, ebenfalls quadratisch, ebenfalls mit Kuppel. Keine Fresken,
kaum Farben, nur eine sparsame Gliederung aus grauem Sandstein, welche die weißen Wände umzieht. Alles ist Rechteck, Kreis, Quadrat, ist
Quader, Kugel, Kubus. Die Pazzi-Kapelle wird bis heute gefeiert als eine
der qualitätvollsten Schöpfungen der Frührenaissance, ihre Architektur
markiert den Aufbruch in eine neue Epoche.

Kreis und Quadrat bilden das Grundmotiv: Über viereckigem Grundriss erhebt sich die halbkugelförmige Kuppel. Belichtet wird sie von kleinen Rundfenstern und einem Opaion. Da auf einen Tambour verzichtet
wurde, liegt sie ganz leicht auf den Bögen auf, die sich von den Seiten-
wänden der Kapelle bis in die Deckenzone ziehen. Wie eine Miniatur-
Version dieser Kombination von Quadrat-Kreis-Halbkreis-Motiven sieht
der Altarraum aus. Das konsequente Streben nach Ordnung und Ratio-
nalität findet sich auch in den Details wieder. Eine einfach wirkende,
tatsächlich jedoch äußerst raffinierte Wandgliederung verleiht dem
Raum die von den Bauherren gewünschte klassische Atmosphäre. Der
Eingang zum Chor etwa ist durch eine Rahmung betont, die mit Pilastern, Rundfeldern und einem halbkreisförmigen Bogen an einen antiken
Triumphbogen erinnert. Auch an den übrigen Seiten kehrt das Triumph-
bogenmotiv wieder, hier jedoch nur als Blendbogen. Um den gleichmäßigen Rhythmus der vorgelegten Wandpilaster auch in den Raum-
ecken beibehalten zu können, hat man sie dort unauffällig geknickt. Im
Chor schaut sogar nur noch ein winziger Sechstelpilaster aus der Wand
hervor – Vortäuschung eines Gerüstes aus Tragen und Last, das zwar

LINKS: DIE HAUPTKUPPEL DER PAZZI-KAPELLE
RECHTS: EIN ARCHITEKTONISCHES DETAIL

statisch hier keine Rolle spielt, das aber ästhetisch das Prinzip der antiken Tempelarchitektur vertritt und darum unverzichtbar ist. Dazu passt es, dass in den Miniatur-Gewölben der angefügten Seitenarme Kassetten an antike Deckengestaltungen erinnern.

Auch das himmlische Personal fügt sich ein in diese kristalline, mathematisch konstruierte, antikisierende Welt: Kreisrunde Bildfelder nehmen die Halbfiguren der zwölf Apostel sowie die Darstellungen der Evangelisten – Letztere in den Kuppelzwickeln – auf. Ein Architrav versieht den Raum mit einem deutlichen Horizontal-Akzent. Zwischen seine Profilbänder ist ein Fries mit figürlichen Darstellungen integriert. In ihm kehrt, auf dem »Buch mit sieben Siegeln« ruhend und mit einem Engelpaar alternierend, das Lamm Gottes in unendlicher Wiederholung wieder. Hier zeigt sich, welche Probleme bei der Begegnung zwischen Antike und Christentum auftreten konnten: Das Lamm Gottes, das traditionell an architektonisch herausgehobener Stelle als Solitär alle Blicke auf sich zog, besitzt hier nur noch das reduzierte Potential eines Ornaments. Aus dem Bildzeichen für den einen Gott ist ein dekoratives Element geworden. Anachronistisch wirken dagegen die in der Kuppelzone, an den Übergängen zwischen Quadrat und Kreis, angebrachten Medaillons mit Terrakotta-Reliefs der vier Evangelisten: Figürlich, farbig, bringen sie

eine irritierend erzählerische, altmodische Note in den durchstruktu-
rierten Raum, die daran erinnert, wie radikal der Schnitt zwischen der
Bilderwelt des Mittelalters und dem kühlen Purismus der Renaissance
auf die Zeitgenossen gewirkt haben muss.

Für die Frage nach dem Urheber dieser kubisch-kompakten Raum-
Skulptur muss man sich in der Umgebung umschauen: Die Pazzi-Kapelle
gehört zur bedeutenden Kirche Santa Croce, ihrerseits ein gotisches, im
Wesentlichen im 14. Jahrhundert errichtetes Bauwerk und die größte
Franziskanerkirche Italiens. Die Kapelle selbst wurde Anfang des 15. Jahr-
hunderts von der Familie Pazzi gestiftet. Mit ihrer kristallklaren Früh-
renaissance-Architektur setzt sie sich so deutlich wie möglich von ihrem
Umfeld ab. Schon die Fassade der Vorhalle, die einen Teil des ursprüng-
lichen Kreuzgangs ersetzt, wirkt mit ihren klassischen Säulen und Wand-
pilastern, ihren Rechteck- und Kreisformen wie eine Illustration aus dem
Lehrbuch zur antiken Architektur. Warum empfand man dieses krasse
Aufeinandertreffen zweier Welten damals nicht als störenden Stilbruch?
Warum konnte eine christliche Kirche plötzlich wie ein heidnischer Tempel aussehen? Weil es eine Brücke, ein Verbindungsstück zwischen den
beiden sich weltanschaulich eigentlich widersprechenden Religions- und
Kulturformen gab. Ihr gemeinsamer Nenner hieß »Geometrie«.

Schon aus dem salomonischen Buch der Weisheit war bekannt, dass
Gott alles »nach Maß, Zahl und Gewicht« geschaffen hatte. Maß, Zahl,
Gewicht, das bedeutete: Gott hatte den Kosmos mehr oder weniger nach
mathematisch-geometrischen Vorgaben konstruiert. Manche mittelalterlichen Buchillustrationen zeigen ihn mit einem Zirkel in der Hand. Zahlen galten als Urmaterie des Weltgeschehens, ihre Verhältnisse zueinander als Gerüst. Eine ganz ähnliche Vorstellung hatte auch die antike
Philosophie entwickelt. Bereits Platon hatte in seiner faszinierenden
Version der Schöpfungsgeschichte, dem »Timaios«, die Grundbestand-
teile des Universums als mathematische Körper gesehen: Objekte aus
regelmäßigen Flächen, die in größtmöglicher Symmetrie miteinander
verbunden sind. Heute wissen wir, dass tatsächlich viele Formen in der
Natur, ob Kohlenwasserstoffmoleküle oder Kristalle, die Gestalt solcher
»platonischer Körper« annehmen. Platons Theorie von den regelmäßigen
Körpern ist während des ganzen Mittelalters immer wieder Gegenstand
gelehrter Kommentare und Auslegungen gewesen. Vor allem der Kirchenvater und Philosoph Augustinus (354–430) hat in seinen Schriften wesentlich zu ihrer Verbreitung beigetragen, indem er aus den platonischen

Vorstellungen eine christliche Zahlensymbolik entwickelte: Ihm galt die Zahl als »die vereinheitlichende Formkraft von Maß und Ordnung, die Quelle ästhetischer Vollkommenheit, das Höchste im Bereich der Vernunft, ja die Vernunft selbst.«[*] Das Christentum verstand mehr und mehr Zahlen, Maße und ihre Verhältnisse zueinander als Möglichkeit, dem Wesen der göttlichen Schöpfung Gestalt zu verleihen. Dieses Wesentliche, die hinter den sichtbaren Dingen verborgene übergeordnete Wirklichkeit, wurde visuell – über die harmonischen Proportionen von Kirchenbauten – und akustisch – über die Verwendung musikalischer Intervalle und Rhythmen – vermittelt. Das Intervallverhältnis 1:2 etwa, in der Musik eine Oktave, konnte in der Baukunst als Verhältnis von Höhe zu Breite eines Kirchenschiffes wiederkehren. Im Gegensatz zu den aus solchen regelmäßigen Zahlenverhältnissen errechneten Maßen spielte der »Goldene Schnitt« damals noch kaum eine Rolle; sein kometenhafter Aufstieg zu einer kultisch verehrten Figur vollzog sich erst im 19. Jahrhundert.

Den Humanisten der Frührenaissance war die Vorstellung von einer mathematisch-harmonischen Struktur der gesamten Schöpfung also wohlvertraut. Der Kubus nahm in Platos Denksystem eine besondere Stellung ein – er verkörperte die Erde. Auch im Neuen Testament spielt der aus sechs Quadraten zusammengesetzte Körper eine wichtige Rolle – er steht als Symbol einerseits für die Welt, andererseits für Christus selbst. Er ist der »Eckstein«, der das gesamte Kirchengebäude zusammenhält (Markus 12,10, Epheser 2,20–22). Wie ein solides Fundament verkörpert er Verlässlichkeit und Beständigkeit. Die Architektur der Pazzi-Kapelle spiegelt diese Vorstellung auf das Präziseste wider: Der Kubus bedeutet Christus – aber auch die Erde, die Kuppel den Himmel. Die mittelalterliche Welt naturalistischer, detailreich ausgeschmückter Bilder ist einem abstrakten geometrischen System gewichen. Mit ihrem harmonisch geordneten Raumkörper übersetzt die Pazzi-Kapelle diese rationale geistige Ordnung in eine perfekte Form.

Regelrecht anachronistisch muten dagegen die vier in die Zwickel-Ecken gedrückten Bildfelder mit goldenen Delfinen auf blauem Grund an: das Wappen der Pazzi. Als alteingesessene toskanische Adelsfamilie mit Bankgeschäften zu Reichtum gekommen, hatten sie über Generationen mit den Medici in einem ständigen Wettbewerb um die politische Vorherrschaft in Florenz gestanden. Diese verfügten seit 1421 über etwas, worum sie die Pazzi offenbar beneideten: eine eigene Grabkapelle, die sie

[*] Zit. n. Naredi-Rainer 1982, 21

– eigentlich als Sakristei – der Kirche San Lorenzo gestiftet hatten. Ihr Schöpfer war »Star-Architekt« Filippo Brunelleschi, der gleichzeitig an der höchst prestigeträchtigen Florentiner Domkuppel arbeitete. 1442 zogen die Pazzi nach. Andrea di Pazzi gab ebenfalls eine Kapelle, und zwar für die Kirche Santa Croce, in Auftrag; auch diese sollte als eine Art Multifunktionsraum den Pazzi als Grablege, den Franziskanern als Kapitelsaal dienen. Das Ergebnis war eine Beinahe-Imitation der Medici-Sakristei. Bisher schrieb man deshalb auch die Pazzi-Kapelle dem großen Brunelleschi zu. Heute hält man den eine Generation jüngeren Bartolomeo Michelozzo di Bartolomeo für ihren Schöpfer.[*] Wie dem auch sei: Der Bau zeigt uns in einer (zugegeben: auch wegen des weitgehenden Verlusts ihrer Innenausstattung) besonders reinen Form, was Frührenaissance bedeutet. Durch die Funktion als Kapitelsaal erklärt sich übrigens noch eine weitere architektonische Besonderheit der Kapelle, nämlich die Idee, den Wandpilastern einen durchlaufenden Sockel unterzuschieben. Dieser Sockel dient gleichzeitig als umlaufende Sitzbank für die Patres, deren Bedürfnisse damit elegant in die Architektur integriert sind.

Kommen wir noch einmal auf den Bildfries, auf das Lamm mit seinem Buch, zurück. Das »Buch mit sieben Siegeln« ist noch immer Teil unserer Umgangssprache. Es steht für ein Geheimnis, ein Rätsel, das sich noch nicht hat lösen lassen. Das Bild stammt aus dem Neuen Testament. Seine Quelle ist die Offenbarung des Johannes, die Apokalypse. Ihr Verfasser war wegen seines Festhaltens am christlichen Glauben auf die Insel Patmos verbannt worden. Dort entfaltete sich vor seinen erstaunten Augen die Erzählung vom Ende der Welt. In einer Fantasieleistung ersten Ranges, die den Ursprung zahlreicher Fantasy-Filme der Neuzeit bildet, beschrieb Johannes den himmlischen Thronsaal. In ihm sitzt das Lamm auf einem Buch »mit sieben Siegeln«. Es enthält die Vorhersagen Gottes über das Ende der Welt. Nur das Lamm kann das Buch mit den sieben Siegeln öffnen und damit die Prophezeiungen Gottes wahr werden lassen (Offenbarung 5,5). Als das Lamm das siebte Siegel aufbricht, wird es im Himmel ganz still, »etwa eine halbe Stunde lang«. Dann erlöschen Sonne und Mond … Das Bild des Lammes auf dem Buch mit den sieben Siegeln steht für den Beginn der Endzeit. Es wird ergänzt durch Paare von Cherubim – Engel von hohem Rang, die als Türwächter des Paradieses dienen. Die gesamte Kapelle verweist somit auf das, was nach den Verheerungen des Strafgerichts auf die Men-

[*] Trachtenberg 1996

schen wartet: das Himmlische Jerusalem. Eine schöne Idee für die in ihr Bestatteten, deren Einzug in die Stadt Gottes damit eigentlich nichts im Wege stand.

PS: Letztendlich hat alles nichts geholfen: Die von den Pazzi und anderen Florentiner Familien 1478 angezettelte Verschwörung gegen die herrschenden Medici endete nicht mit dem erhofften Staatsstreich, sondern mit dem Tod eines der Medici-Brüder, Giuliano. Aber die Pazzi wurden hingerichtet oder verbannt. Keiner von ihnen fand seine letzte Ruhestätte in der Kapelle, die dafür bestimmt war.

LEON BATTISTA ALBERTI
ZEHN BÜCHER ÜBER BAUKUNST

Es besteht nämlich jeder Körper aus bestimmten, ihm zugehörigen Gliedern. Nimmt man nun eines davon weg, macht es größer oder kleiner, oder ordnet es an einer unrichtigen Stelle ein, so geschieht es natürlich, daß alles, was an diesem Körper in Wohlgestalt der Form übereinstimmte, verdorben wird. Hieraus können wir […] den Satz aufstellen, daß es vorwiegend drei Dinge sind, in denen das ganze Gesetz, welches wir suchen, enthalten ist: die *Zahl*, dann das, was ich *Beziehung* nennen will, und die *Anordnung*. Doch außerdem gibt es noch etwas, das sich aus der Zusammenfassung und Vereinigung dieser aller ergibt, wodurch jede Schönheit wunderbar verklärt wird. Dies soll bei uns das *Ebenmaß* heißen. Dieses selbst, so behaupte ich, ist in der Tat das Kind alles Wohlgefallens und Schmuckes. Andererseits hat das Ebenmaß auch die Bestimmung und Aufgabe, Teile, welche sonst von Natur aus untereinander verschieden sind, nach einem gewissen durchdachten Plane so anzuordnen, daß sie durch ihre Wechselwirkung einen schönen Anblick gewähren. Daher kommt es, daß, wenn man, sei es durch das Auge oder durch das Ohr oder auf eine andere Art, im Innern bewegt wird, sofort das Ebenmäßige bemerkt. Denn wir verlangen von Natur nur das Beste und hängen mit Vergnügen am Besten. Und weder im ganzen Körper noch in seinen Teilen vermag das Ebenmaß mehr als durch sich selbst und durch die Natur, daß ich es als den Genossen von Seele und Vernunft bezeichnen möchte. Und es hat ein weites Feld, auf dem es sich betätigen und erblühen kann. Das ganze Leben und Denken des Menschen erfüllt es, und die ganze Natur durchzieht es. Denn alles, was die Natur hervorbringt, ist nach dem Gesetze der Ebenmäßigkeit geschaffen. Und es gibt kein größeres Streben der Natur, als daß alles was sie zeugt, vollkommen vollendet sei. Dies selbst könnte sie ohne Ebenmaß keineswegs erreichen, denn die höchste Übereinstimmung der Glieder, die sie erreichen will, würde fehlen. Doch hievon genug.

Steht dies nun zur Genüge fest, so können wir folgenden Satz aufstellen:

Die Schönheit ist eine Art Übereinstimmung und ein Zusammenklang der Teile zu einem Ganzen, das nach einer bestimmten Zahl, einer besonderen Beziehung und Anordnung ausgeführt wurde, wie es das Ebenmaß, das heißt das vollkommenste und oberste Naturgesetz erfordert.

HITZERAUM MIT HIMMELSGEWÖLBE
DER HAMAM CEMBERLITAS, ISTANBUL

Mathematik, Philosophie, Politik – viele der Raumkunstwerke früherer Jahrhunderte, aber auch solche moderner Zeiten erschließen sich vor allem über den Intellekt. Um in ihren vollen Genuss zu kommen, soll man denken, verstehen, (mit) rechnen … Im Prinzip muss geistige Anstrengung ja keine Schmälerung des Vergnügens bedeuten. Aber manchmal, ganz gelegentlich, möchte man sich auch mal treiben lassen. Nichts tun, nichts denken, nichts beurteilen müssen. Sich abschotten und allein den Botschaften der Sinne lauschen. Wer einen solchen Moment durch ein ganz besonderes Raumerlebnis steigern möchte, der besuche den Hamam Cemberlitas. Seinen Namen (»beringter Stein«) verdankt er der topographischen Nähe zur berühmten Gedenksäule Kaiser Konstantins: Sie hatte im Laufe der Jahrhunderte aus Stabilitätsgründen ein Stützsystem aus eisernen Ringen erhalten. Der Hamam liegt mitten in Sultanahmet, dem historischen Herzen von Istanbul.

Außen pures Understatement: Der Hamam hat zwar eine repräsentative, zweigeschossige Fassade, an der zwei flache, fast gotische Spitzbögen elegant zu einer größeren, leicht geschwungenen Bogenform zusammenwachsen. Aber genauso wie die dahinterliegende Kuppel geht sie unter in der belebten Stadtlandschaft. Hinter der Fassade würde man eine kleine Moschee vermuten. Doch dahinter öffnet sich kein Sakralraum, sondern eine luftige, zweigeschossige Halle mit Umgängen, hinter denen Gemächer für das Ablegen der Kleidung und erste Waschungen liegen. Wer die ersten Hürden überwunden, die Schattenzonen von Eingang und Umkleideraum durchlaufen, den Alltag mit der Kleidung abgelegt und die erste Reinigung hinter sich gelassen hat, der ist bereit. Bereit für den Hitzeraum.

Das heißt: Welcher Hitzeraum? Der Hamam Cemberlitas verfügt – schon das ist luxuriös – über zwei nach Geschlechtern getrennte Abteilungen. Der Autorin ist naturgemäß nur die für Damen aus eigener Anschauung bekannt. Ein fein geäderter grauer Marmor begleitet schon den Weg durch die Vorräume – er bedeckt den Fußboden, bildet Wasch- und Tauchbecken aus, verkleidet den unteren Teil der Wände und versieht das gesamte Ambiente mit einem noblen Unterton. Der Hitzeraum selbst bietet »orientalische Badekultur« von ihrer schönsten Seite. Der Raum ist rund und richtungslos. »Verweile«, so lautet die verführerische Botschaft, die von seiner Form ausgeht. Denn in der Mitte lädt ein geräumiges achteckiges Steinpodest zum Niederlegen ein. Es bietet eine angenehme Wärme – und dient zum Dösen, Rekeln, Sich-Abseifen, Sich-massieren-Lassen. Das Podest heißt auf Türkisch »Göbek tasi« – »Nabelstein« –, was alles sagt über seine zentrale Bedeutung für das Hamam-Geschehen. Angenehm vernebelt, diffus, milchig, feucht – ein sanftes, indirektes Licht umspielt schön proportionierte Säulen aus grauem Stein, die den Raum in gleichmäßigem Rhythmus umstehen. Sie tragen hohe, nur ganz leicht angespitzte, profilierte Bögen. In den Nischen dahinter bieten fein geformte Becken mit ziselierten Armaturen ihre Waschdienste an. Aber das Beste kommt noch: Vom »Nabelstein« aus – unter sich der edle Marmor, die wohltuende Wärme – erlebt man über sich die Kuppel. Beinahe nahtlos wächst sie aus der Wand heraus. Und, wie simpel: Sie wurde perforiert durch sechs Reihen versetzt angeordneter Löcher. Im Scheitel schließen sie sich zu einer Blütenformation zusammen. Durch die Löcher fließt das Licht.

Wie im Pantheon überträgt die Kuppel auch im Hitzeraum des Hamam eine archaische menschliche Erfahrung in Stein: Die Welt ist eine Scheibe, der Himmel darüber ein Gewölbe, ein Zelt, eine Formation mit einer tröstlich behütenden Qualität. Wo aber im römischen Staatsbau Farbe und Applikation der Illusion zu Hilfe kommen mussten, brauchte man hier lediglich eine sphärische Form – und die viel einfachere Idee, diese zu perforieren. Die Löcher bündeln das Licht und machen, im Halbdunkel, daraus leuchtende Himmelskörper. Es entsteht eine Negativ-Form des Sternenhimmels, die das Vorbild der Natur nicht illusionistisch, sondern abstrakt reflektiert.

Was ist der psychologische Gewinn dieser Konstellation? Der Hitzeraum des Hamam Cemberlitas enthebt auch noch den modernen Menschen aus seinen zeitlichen und räumlichen Bezügen. »Der bestirnte Himmel über mir und das moralische Gesetz in mir«, um es mit Kant zu sagen, sind die eigentlichen Themen dieser Architektur. Aber das klingt schon wieder so gravitätisch. Hier verschmelzen Wohlleben, sinnliches Vergnügen, intellektueller und ästhetischer Genuss, Kommunikation und Meditation zu einem neuen Erlebnis. Ursprünglich hatte ein Hamam zwar neben seiner Funktion als Ort der rituellen Reinigung auch eine wichtige kommunikative Bedeutung für die sonst zurückgezogen in ihren Häusern lebenden Damen der muslimischen Welt. Aber vielleicht sollten sie hier für einen Augenblick zur Ruhe kommen? Zur Aufladung der Atmosphäre mit einem Hauch Erhabenheit jedenfalls tragen auch die Säulen bei. Sie verleihen dem Rund die klassische Wohlgeformtheit eines Sakralraums.

Spätestens jetzt drängt sich die Frage nach dem Auftraggeber auf: Luxuriöse Ausstattung und architektonische Qualität des Hamam Cemberlitas waren zur Zeit seiner Erbauung unerreicht. Seine Existenz verdankt er einer hochgestellten Persönlichkeit – ausgerechnet einer Frau. Nurbanu Sultan war Mutter des Sultans Murad III. (1546–1595). Dieser – immerhin der Enkel Süleymans des Prächtigen – gilt heute als ein Herrscher ohne »Führungsqualitäten«. Ein Epikuräer auf dem Osmanenthron, war er dem Opium verfallen, verfasste mystische Lyrik und förderte die Korruption. Vor allem aber ermöglichte er seinem Harem, das heißt seiner Mutter, seinen vier Frauen und ihrem Gefolge, eine bis dahin unbekannte Einflussnahme auf die Politik. Eine Phase in der Geschichte des Osmanischen Reiches begann, die bei älteren Historikern unter dem Begriff der »Weiberherrschaft«[*] bekannt ist … Um Nurbanu ranken sich noch heute Geheimnisse. Manche erkennen in ihr die spanische, in Venedig geborene Jüdin Rachel Olivia de Naso. Üblicher ist ihre Identifikation mit Cecilia Venier-Baffo, einer Venezianerin. Als Achtjährige war sie von türkischen Korsaren entführt und am Sultanshof zu einer Haremsdame erzogen worden. Aber wohl nicht nur: Man muss sie sich als zielorientierte Strategin vorstellen, denn es gelang ihr, der Zugereisten, zur Favoritin Sultan Selim II. aufzusteigen – und diesen in bis dahin unüblicher Weise politisch zu beraten. Und schließlich war es ihr Sohn, der als nächster Sultan den Thron besteigen konnte: Murad III. Er erhob sie zur offiziellen Valide Sultan, einem Äquivalent der »Queen Mother«.

Nurbanu unterstützte eine pro-venezianische Politik, und sie stand im Briefkontakt mit der französischen Königin Katharina de' Medici, einer wichtigen Verbündeten des Osmanenreiches gegen Spanien. Auch mit Elisabeth von England war sie im Gespräch. Innenpolitisch erzielte

[*] Der Begriff wurde in der Folgezeit zumeist pejorativ, zur Erklärung des inneren und äußeren Niedergangs des Osmanischen Reiches seit dem 16. Jahrhundert, benutzt.

Nurnabu durch ihre zahlreichen Stiftungen Anerkennung. Mit der Errichtung des Hamam Cemberlitas, der 1584 fertiggestellt war, verband sie
eine dezidiert sozialfürsorgerische Absicht: Die Einnahmen aus seinem
Betrieb sollten Bedürftigen zugutekommen. Zum Architekten bestimmte
sie den damals besten Baumeister der osmanischen Welt, Sinan. Sinan
war zu ihrer Zeit ein Star. Der »Michelangelo der Osmanen« stammte,
wie Nurbanu selbst, aus einer ganz anderen Kultur. Aufgewachsen war
er als Sohn griechisch-orthodoxer Christen in Kappadokien. Dann jedoch
trieben ihn lange Jahre als Ingenieur im Dienst verschiedener Sultane
durch die Welt, von Bagdad bis Wien, von Kairo bis Apulien. 1538 machte
man ihn zum Chef des Hofbauamtes in Konstantinopel. Eine außerordentlich produktive und erfolgreiche Karriere begann, zu deren Höhe-
punkten die Errichtung der Süleymaniye-Moschee in Istanbul gehörte.[*]
Ihr Vorbild war die Hagia Sophia, und wie hier, so experimentierte Sinan
ein Leben lang mit christlichen und islamischen Kuppelkonstruktionen
und ihren Varianten, auf vier, auf sechs, auf acht Stützen. Die Frage, wie
solche Räume zu belichten waren, inspirierte ihn zu immer neuen fanta-
sievollen Lösungen.

  Die Herrenwelt, so viel sei abschließend gesagt, trifft sich in einem
anderen Raum zum Bad in Dampf und Hitze. Auch er ist perforiert, und
auch er steht auf Säulen. Diese jedoch zeigen eine deutlich elaboriertere
Bogenstellung, einen eleganten Rhythmus aus jeweils zwei weiten Arka-
densprüngen und dreien, die zugleich enger und niedriger sind. Viel
prächtiger wirkt dieser Raum, viel europäischer aber auch – wie eine freie
Variante der klassischen europäischen Renaissance-Architektur. Groß-
artig wirkt das, offizieller, royaler – aber die Intimität, die Einfachheit, die
unmittelbare, sinnliche Verbindung von Kosmos und Ich des Hitzeraums
der Damen werden hier nicht erreicht. Die Autorin zieht Letzteres vor.

---

[*] Sinan war für weitere 106 Freitagsmoscheen und allein 56 Badehäuser verantwortlich.

SULTAN MURAD III.
ÖFFNE DEIN AUG …

Öffne dein Aug, aus dem Schlaf des Vergessens wach auf,
Wachet, erwachet, viel schlafende Augen, wacht auf!
Azrail will deine Seele, o glaub mir's, merk auf!
Wacht, meine Augen, vom lässigen Schlummer wacht auf!
Wachet, erwachet, viel schlafende Augen, wacht auf!
Morgens erwachen die Vögelein alle im Haine,
Alles, was Zungen hat, lobet den Herrn im Vereine,
Einheit bekennen die Berge, die Bäume, die Steine –
Wacht, meine Augen, vom lässigen Schlummer, wacht auf!
Wachet, erwachet, viel schlafende Augen, wacht auf!
Öffnen am Morgen die Tore des Himmels sich weit,
Über die Gläubigen wird dann Erbarmen gestreut,
Und wer früh aufsteht, dem näh'n sie ein himmlisches Kleid
Wacht, meine Augen, vom lässigen Schlummer wacht auf!
Wachet, erwachet, viel schlafende Augen, wacht auf!
Ach, diese Welt ist vergänglich, du täusche dich nicht,
Lege, verblendet, auf Krone und Thron kein Gewicht,
Dass dir die Lande zu eigen, des rühme dich nicht –
Wacht, meine Augen, vom lässigen Schlummer wacht auf!
Wachet, erwachet, viel schlafende Augen, wacht auf!
Ich bin dein Sklave Murad – mein Vergehen verzeih,
Meine Verbrechen vergib, und von Schuld sprich mich frei
Bei deinem Banner der Ort meines Auferstehns sei –
Wacht, meine Augen, vom lässigen Schlummer wacht auf!
Wachet, erwachet, viel schlafende Augen, wacht auf!

WAS PASSIERT, WENN EIN PUNK EINE KIRCHE BAUT
SAN CARLO ALLE QUATTRO FONTANE, ROM

E r war der Punk unter den Architekten des barocken Rom: ein Outsider aus der Schweiz, ein Autodidakt, ein Verrückter, der lieber auf sein Honorar verzichtete, als sich Regeln, Ansprüchen, Einwänden unterzuordnen. Als er 1635 den Auftrag für die kleine Kirche San Carlo erhielt, war er 36 Jahre alt, ausgebildeter Steinmetz, Architektengehilfe. Acht Jahre zuvor hatte er, der eigentlich Francesco Castelli hieß, den Künstlernamen »Borromini« angenommen, vermutlich aus Verehrung für einen Heiligen, Karl Borromäus.[*] Der Name klang irgendwie temperamentvoll, rasant – und so, dass er sich wie eine Steigerung von »Bernini« anhörte. Denn mit Gian Lorenzo Bernini verband ihn eine feindselige Konkurrenz. Lange Jahre sein Assistent, hatte Borromini für den genialischen Kollegen vor allem immer dann die Kartoffeln aus dem Feuer geholt, wenn es um Konstruktion, um Ingenieurleistung und Technik ging. So glaubt man heute, dass der großartige, aus dem bronzenen Gebälk des Pantheons gegossene Baldachin für die Vierung von St. Peter vor allem den überragenden Fähigkeiten Borrominis zuzuschreiben ist. Versprochener Lohn und Anerkennung blieben aus, das Team aus zwei sich perfekt ergänzenden Persönlichkeiten zerbrach. Bernini vor allem, aber eigentlich ganz Rom, der ganzen Welt wollte er zeigen, was Architektur, was Raum *noch* sein kann. Er muss glühende Visionen von der Aufhebung der Schwerkraft, von der Nichtexistenz der Statik, von der Sichtbarmachung des Unsichtbaren gehabt haben. Nun plante die 1609 in einen Bettelorden umgewandelte Ordensgemeinschaft der Trinitarier ein neues Konventsgebäude. Für seine Realisierung wandte man sich an Borromini. Was kommt dabei heraus, wenn jemand wie Borromini zum ersten Mal im Leben freie Hand erhält?

Die Voraussetzungen waren nicht die besten. Es gab kaum Geld, und es gab wenig Platz. Zudem lag das Grundstück unglücklich an einer Straßenecke. Und bevor es losgehen konnte, musste – in einem Miniaturfor-

[*] Karl Borromäus (1538–1584) war Erzbischof von Mailand und ein bedeutender Verfechter der Gegenreformation. Bescheidenheit, soziales Engagement und eine radikal asketische Lebensweise machten ihn zum idealen Leitbild einer moralischen Erneuerungsbewegung innerhalb der katholischen Kirche. 1610 wurde er heiliggesprochen.

mat, das höchste Anforderungen an den Planer stellte – der Kreuzgang gebaut werden. Mit ihm entstand ein erstes Meisterwerk, eine Komposition aus Alt und Neu, aus Tradition und Revolte, aus Masse und Raum, ingeniös und fantasievoll zu einem starken Klang verschmolzen. Dann, endlich, konnte 1638 mit der Kirche begonnen werden. Borromini fühlte sich den Trinitariern eng verbunden. Um ihre Kirche bauen zu können, verzichtete er angesichts der bescheidenen Mittel, die der Orden aufbringen konnte, auf sein Honorar. Für die Ausstattung verwendete er nicht Marmor und Gold, sondern einfachen Gips und Stuck. Dennoch mussten die Bauarbeiten, die sich insgesamt über fast fünfzig Jahre hinzogen, immer wieder aus Geldmangel unterbrochen werden; manches ist erst nach dem Tod des Meisters vollendet worden. Borromini identifizierte sich so sehr mit der Glaubensrichtung der Trinitarier und ihrem Gotteshaus, dass er die Unterkirche von San Carlo zu seiner Grablege bestimmte. Aus heutiger Sicht ist Borromini hier ein Gebäude gelungen, das als Wunder, als baukünstlerisches Meisterwerk, als Hauptleistung hochbarocker Architektur gefeiert wird. Und das, obwohl die Aufgabe eigentlich unlösbar war: Es heißt immer, dass die Grundfläche von San Carlo nicht größer ist als die eines Vierungspfeilers von St. Peter. Wie bringt man auf einer Fläche von nur 12 × 20 Metern einen vollständigen Sakralraum unter – der zudem den Erzrivalen Bernini für immer in seine Schranken verwies?

Alles ist weiß – Helligkeit weitet, lässt die Raumgrenzen verschwimmen, gibt aber auch die Möglichkeit, mit Schatten gezielt Akzente zu setzen. Borromini hat sie gründlich ausgenutzt. Licht und Schatten werden unter seinen Händen zu einer Modelliermasse, ohne die der Raum stumm bliebe. So aber treten besonders die sanften Rundungen des ovalen Inneren hervor, seine Vorstülpungen und Höhlungen, seine dynamische Bewegtheit. Denn die Wände schwingen. Ovale Räume gab es schon zuvor. Aber hier sind die Begrenzungen so locker gleichzeitig einwärts und dann wieder auswärts gebogen, dass man sich über die Statik Sorgen machen könnte. Bevor es so weit kommt, wird die tänzerische Bewegtheit der Raumschale schon wieder aufgefangen durch den gravitätischen Rhythmus großer Säulen. Sie sind platzsparend zu einem Drittel in der Wand versenkt und tragen ein breites, mehrfach eingeknicktes Architrav-Band, das den ganzen kleinteiligen Raum optisch zusammenzieht. Die Säulen fassen drei Etagen, die wie Stockwerke ausgebildet sind, zusammen und zitieren damit das große Vorbild Borrominis, Michel-

DIE OVALE KUPPEL

angelo. Der hatte dieses Motiv, das sich »Kolossalordnung« nennt, etwa hundert Jahre zuvor für den Konservatorenpalast auf dem römischen Kapitol erfunden. Darüber erhebt sich eine staunenswert komplex gestaltete Zone. Oberhalb der Seitenaltäre erscheinen kleine Dreiecksgiebel als Würdeformeln, während an der Eingangsseite an dieser Stelle eine weitere Raumschicht mit Fenster sichtbar wird. Über den Giebeln schneidet an allen vier Seiten rasant ein Bogenfeld in die Wand ein. Seine sphärisch gekrümmten Höhlungen sind durch rosettenbesetzte, sich verjüngende Kassetten nobilitiert, die von ferne an das Pantheon erinnern. Wenn man den Bogen aber zusammen mit den daruntersitzenden Säulen betrachtet, erinnert er an einen antiken Triumphbogen.

Alles bleibt in der Schwebe, alles bewegt sich in diesem elastischen Raum, dessen Form man zunächst nicht richtig einordnen kann – der Grundriss ähnelt einer längs gestreckten Ellipse. Aber jedes Element des Gebäudes ist mit Sinn – und Hintersinn – aufgeladen. Als konstruktiven Ausgangspunkt wählte Borromini zwei Dreiecke, die an ihrer Basis aneinanderstoßen. In jedes legte er einen Kreis. Und aus dieser Konfiguration ergab sich die ellipsoide Grundform, die er an ihren Außenseiten durch leichte konvexe und konkave Bewegungen zum Schwingen brachte. Über den Kreis als Symbol der Vollkommenheit muss hier nichts mehr gesagt werden. Das Dreieck aber ist das Sinnbild der Heiligen Dreifaltigkeit: Vater, Sohn und Heiliger Geist zusammen verkörperten, ganz besonders für die Trinitarier, die Wesenseinheit des Göttlichen. Ihr Kirchenraum war damit definiert durch eine geometrische Figur, in der sich die Essenz ihrer Glaubenshaltung widerspiegelte. Das muss den Auftraggeber doch gefreut haben!

Direkt darüber aber, und das ist das eigentliche Wunder, erhebt sich eine Kuppel, die man trotz ihrer geringen Ausmaße majestätisch nennen kann. Sie ist oval und mit einer ebensolchen Laterne belichtet. Wie eine unerklärliche Erscheinung aus abstrakten Wolkenformationen, aus vergrößerten Schneekristallen, wie aus weichem Stein geschnitzt schwebt sie ruhig und fern über dem bewegten Innenraum. Zu dieser Wirkung trägt unbedingt der Kontrast bei, der sich aus ihrem Unterbau ergibt: Die Kuppel ruht auf Pendentifs, und diese sind, wie üblich (siehe Kapitel zur Pazzi-Kapelle) mit Medaillons geschmückt. Dann folgen Profile, ein Lorbeerband, ein Blätterkranz … eine architektonische Pause zum Atemholen – bis man sich endlich ganz auf das Innere der Wölbung einlässt. Anstelle von braven Quadraten nimmt hier ein neuartiges, außerordentlich plastisches Ornamentfeld das Auge gefangen. Es besteht aus griechischen Kreuzen, Sechs- und Achtecken. Die geometrischen Figuren sind so kunstvoll ineinander verwoben, dass sich ein dichtes Netz ergibt. Sogar die Fenster wurden mit ihren geknickten Rahmen in das Gewebe eingepasst. Nach oben hin verkleinert sich das gesamte Zellengefüge, was die Wölbung perspektivisch steigert. In ihrem Zentrum erhebt sich eine ungewöhnlich steile, durchfensterte Laterne. Aus ihr schwebt, vor einem ausgebreiteten Strahlenkranz, die Taube des Heiligen Geistes herab – gerahmt, natürlich, von einem Dreieck.

Kreuze mit ihren vier Armen, Sechsecke, Achtecke: Die Zahlen symbolisieren die irdische Welt und das Leiden (Vier), die Vollkommenheit der Schöpfung (Sechs) sowie Auferstehung und Erneuerung (Acht). Das griechische Kreuz ist das Kennzeichen der Trinitarier, sie tragen es auf ihrem Habit. Alles wird überstrahlt von der Figur des Dreiecks, der göttlichen Trinität. Die Inspiration zu dieser ungewöhnlichen, passgenau auf den Orden zugeschnittenen Komposition bezog Borromini aus einer räumlich nah, zeitlich aber weit entfernt liegenden Region: Der frühchristlichen Kirche Sta. Costanza nämlich, die im 4. Jahrhundert zunächst als Mausoleum für die Töchter Konstantins des Großen außerhalb der

Stadt errichtet worden war. Im Gewölbe des Säulengangs, der den runden Raum umgibt, hat sich der ursprüngliche Mosaikenschmuck erhalten: Neben Blumen, Vögeln, Ranken, Köpfen findet sich eine Partie, in der griechische Kreuze, Sechs- und Achtecke ein regelmäßiges Muster bilden. Die Botschaft? Besinnung auf die Ursprünge der Kirche, auf Armut, Demut und den Kampf für den rechten Glauben. Denn der Trinitarier-Orden war zur Zeit der Kreuzzüge entstanden, in der es darum ging, sich mit dem Hinweis auf die Dreifaltigkeit von den entgegengesetzten Vorstellungen des Islam abzugrenzen.

Doch Borrominis Kreativität war mit der Erfindung dieser hochkomplexen, dynamischen Raumschale noch nicht erschöpft. Er wusste, dass zu einer gelungenen Inszenierung mehr gehörte als das kunstvolle Arrangement großer Architektur-Elemente. Das Auge sucht den Kontrast, der Geist braucht Geschichten. Dass der Architekt – der ja ausgebildeter Steinmetz war – dieses Bedürfnis nach Unterhaltung, nach Fokussierung, nach Rührung und Berührung durchaus ernst nahm, zeigt die Ausstattung der Kirche mit Skulpturenschmuck. Vor allem ist es ein Schwarm von körperlosen Cherubim, der San Carlo so selbstverständlich bevölkert, als sei dies sein organischer Lebensraum. Innen wie außen schmiegen sich die sanften gefiederten Wesen mit ihren ausdrucksvollen Köpfen in Ecken, Zwickel und über Türstürze; über dem Hauptaltar erwachsen ihnen Arme, die eine Wappenkartusche halten. Aber auch alle übrigen skulpturalen Details sind, teils von Borrominis Neffen und Nachfolger Bernardo ausgeführt, von brillanter Qualität.

Borrominis Entwurf für San Carlo war ein großer Erfolg. Zahlreiche Aufträge ergaben sich daraus – San Ivo della Sapienzia, Sant'Agnese, Umbau der Lateransbasilika –, bis sich der nächste Papst wieder anderen Favoriten zuwandte. Den eigenwilligen, verschlossenen Meister befiel, so glaubt man heute, eine Depression. Offenbar in einem verzweifelten Wutausbruch, der auf einen Streit mit seinem Diener zurückging, brachte sich der erkrankte Architekt im August 1667 mit dem Degen eine tödliche Wunde bei. Er starb, achtundsechzigjährig, wenige Tage später. Den Wunsch nach einem Grab in San Carlo konnten die Mönche einem Selbstmörder nicht erfüllen. Seine letzte Ruhestätte fand Borromini in der Kirche San Giovanni dei Fiorentini. Dass seine rastlose Suche nach dem vollkommenen Raum, nach dem perfekten Schmelzpunkt für die Verbindung von Mathematik, Freiheit und Fantasie bis heute unvergessen ist, hat sich anlässlich seines 400. Geburtstages gezeigt, zu dem der berühmte Schweizer Architekt in Lugano ein 33 Meter hohes Holzmodell aufstellte: Es zeigt im Originalmaßstab den Schnitt durch die Kirche San Carlo alle Quattro Fontane.

ARNE KARSTEN
BERNINI, DER SCHÖPFER DES BAROCKEN ROM
Leben und Werk

Nur wenige Jahre nach Papst Alexander VII. starb auch Francesco Borromini, der große, kongeniale und so sehr viel weniger glückliche Konkurrent Berninis, auf dessen letzte Jahre hier noch ein Blick geworfen werden soll, nicht nur aus Sympathie mit seinem Schicksal und seiner Person, sondern auch, weil sie lehrreich sind für die Verhaltensregeln, die zu beachten waren, wenn man in der Gesellschaft der Frühen Neuzeit Erfolg haben wollte; Verhaltensregeln, an die sich Borromini nie recht gewöhnen konnte. Auch in den Jahren des Erfolges, als zu Beginn der Herrschaft Innozenz' X. der bis dahin übermächtige Konkurrent zeitweise in Ungnade gefallen war und Borromini an seine Stelle trat, gestaltete sich die Zusammenarbeit mit ihm alles andere als einfach. Und zwar für jedermann. Die einfachen Bauarbeiter klagten über seinen Genauigkeitswahn, die Kleinlichkeit, mit der er alles kontrollieren wollte, auch seine Unbestechlichkeit, mit der er Unterschlagungen und kleine Nachlässigkeiten verfolgte; Bernini, stets jovial im Umgang mit solcherlei Vorkommnissen, war ihnen allemal lieber.

Seine technischen Mitarbeiter hingegen trieb Borromini durch seine Präzision und Detailbesessenheit fast zur Verzweiflung, wovon seine erhaltenen Entwurfszeichnungen eine Vorstellung vermitteln. Sie zeugen von einer geradezu manischen Getriebenheit bei der Suche nach dem vollkommenen Entwurf, der perfekten Lösung. Kein Wunder, daß man ihm Bauentwürfe geradezu mit Polizeigewalt aus der Hand winden musste, wie selbst sein Förderer Virgilio Spada zugab. Die unvermeidliche Folge eines solchen Perfektionswahnes waren Verzögerungen und, damit verbunden, steigende Kosten: Borrominis Voranschläge machten in der Regel nicht die Hälfte, ja kaum ein Drittel der tatsächlich auftretenden Ausgaben aus. Was nun wiederum die Auftraggeber wenig begeisterte, die sich zudem vom Künstler oftmals in einer Art und Weise behandelt sahen, die den gesellschaftlichen Standesunterschieden keinerlei Rechnung trug. Borromini benahm sich seinen *padroni* gegenüber mitunter brüsk bis zum Beleidigenden, und es ist aufschlussreich, den psychologisch sensiblen Bericht Virgilio Spadas über die Hintergründe dieses seltsamen Betragens zu hören: »Er ist von solchem Temperament, dass er es einfach nicht erträgt, ungerecht behandelt zu werden, und deshalb überwirft er sich mit so vielen, aber wenn man ihm den Respekt entgegenbringt, den seine Zuneigung und seine Treue verdienen, ist er zahm wie ein Welpe.«

In einer Gesellschaft, in der es zu den Grundvoraussetzungen der sozialen Selbstbehauptung gehörte, sich auf die Kunst der *dissimulazione*, der bis zur Verstellung gehenden Selbstbeherrschung zu verstehen, musste Borrominis geringe Kränkungstoleranz fast überall zu ablehnenden Reaktionen führen. [...] Borromini verlor seine Stelle als leitender Architekt an der Piazza Navona, was natürlich für erhebliches Aufsehen sorgte. [...]

Gegen Ende seines Lebens vereinsamte Borromini immer mehr. Einen besonders schweren Verlust stellte im Jahre 1662 der Tod Virgilio Spadas dar, des wohl einzigen Menschen, der das Genie des Architekten zu Lebzeiten wirklich verstanden hatte und ihm die Treue hielt. Mit diesem sensibel-verständnisvollen Protektor verlor Borromini zugleich seine letzte stabile Verbindung zur römischen guten Gesellschaft. In der Folgezeit ließ sein Gesundheitszustand immer mehr zu wünschen übrig, zu den Eigentümlichkeiten seines Benehmens kamen körperliche Beschwerden. Eine Karikatur von der Hand des Bernini-Schülers Carlo Fontana lässt etwas von der melancholischen Einsamkeit des kränklichen Borromini ahnen. So musste er die Arbeit an den wenigen Aufträgen, die ihm noch verblieben waren, immer wieder unterbrechen. Im heißen Hochsommer des Jahres 1667 verordnete sein Arzt ihm schließlich strikte Bettruhe. Borromini wollte sein Testament ändern und befahl seinem Diener deswegen in tiefer Nacht, Licht zu machen. Der weigerte sich: Der Arzt habe es verboten. Es ist diese kleine Szene, die den lange angestauten Hass, die Verzweiflung des Vereinsamten zum Ausbruch kommen ließ. Borromini riss seinen Degen von der Wand und stieß ihn sich in die Brust. Er starb wenige Tage später, am 3. August 1667.

DRINNEN IST DAS NEUE DRAUSSEN

DER SPIEGELSAAL DER AMALIENBURG, MÜNCHEN

A malie war jagdverrückt. Zeitlebens soll sie sich am liebsten in grünem Jagdanzug und mit knapper (Männer?-)Perücke gezeigt haben. Patschte unermüdlich in den Sümpfen herum, kroch durchs Unterholz, verfolgte und erlegte, was ihr vor die Flinte kam. Der Zeitgenosse Keyssler schrieb 1729 über sie: »*Sie schießt sehr gut nach der Scheibe und nach dem Wildbret*« heißt es von ihr, »*und geht öfters bei Jagden bis auf die Knie im Moraste. Auf Jagden hat man sie allezeit in grüner Mannskleidung mit einer kleinen weißen Peruque gesehen. Einst wurde sie auf der Parforcejagd, da sie gesegneten Leibes war, zweimal umgeworfen. Sie gab aber doch dem Kutscher, als er sie noch von ungefähr zum Tode des Hirschen brachte, den gewöhnlichen Maxd'or und verbot auch die Strafe. Die Hunde finden eine große Liebhaberin in ihr, welches man vornehmlich zu Nymphenburg an den übel zugerichteten, rotdamastenen Tapeten und Betten abmerken kann. Die kleinen englischen Windspiele gelten jetzt das Meiste. Der Lieblingshund der Churfürstin Amalie ruhte unter einem gelbdamastseidenen kleinen Zelte auf einem Kissen von gleichem Stoff.*«[*] Ein intimes Jagdschloss, in dem man auf die Dienerschaft weitgehend verzichten konnte, muss ihr hochwillkommen gewesen sein. Eben ein solches »maison de plaisance« ließ ihr Gatte ab dem Frühjahr 1734 durch seinen geschätzten Oberhofbaumeister errichten – die Bauarbeiten dauerten nur ein Jahr. François Cuvilliés d.Ä. hatte bei diesem Bau zum ersten Mal volle Gestaltungsfreiheit. Die Innendekoration aber, und das gibt uns einen wichtigen Fingerzeig, nahm insgesamt fünf Jahre in Anspruch. Ihr Höhepunkt war der Spiegelsaal. Wenn es Alice in Wonderland damals schon gegeben hätte: Sie hätte diesen Ort nie wieder verlassen.

Aber zuerst ein Wort über das Ambiente, das Cuvilliés in seine Planung einbezog: Das Nymphenburger Schloss diente schon länger als Bühne für die fürstlichen Treib- und Parforcejagden, und in seinem Tier-

[*] Braunfels 1986, 96

garten wimmelte es nur so von Hirschen und Rehen, Wildschweinen und Fasanen. Innerhalb eines quadratischen Terrains, in dem schon vorher die Aufzucht der Fasanen betrieben worden war, ließ er acht Gartenwege anlegen. Sie mündeten in einem eingeschossigen, rechteckigen Bauwerk. In dessen Innerem entfaltete er eine Raumfolge, deren Qualität und Vielseitigkeit noch dem heutigen Besucher von dem Spaß erzählt, den Cuvilliés bei ihrer Konzeption gehabt haben muss. Ziel und Höhepunkt war ein kreisrunder Saal – in dessen Dekorationsprogramm die acht Wege wiederkehren. Außen die effektvolle Kulisse aus grünen Hecken, Baumalleen und plätschernden Brunnen, innen die raffinierteste Dekoration, die man sich denken konnte. Ihr Thema ist die Natur.

Der Außenbau ist ziemlich schlicht. Flache Pilaster und scharfe Fugenschnitte künden von der Lust an einer neuen, den steifen Pomp des Hochbarock überwindenden Formensprache. Innen aber ist das Haus versilbert. Silber vor Zitronengelb, Silber vor Hellblau, Silber vor Strohgelb. Silberne Stukkaturen reflektieren in unendlichen Variationen, Schattierungen und zartesten Bewegungen das Licht. Es flackert über die Wände, es tanzt an den Decken empor. Und es feiert einen wahren Triumph im zentralen Spiegelsaal. Ein einziger Klang aus Blau, Silber und Licht erfüllt den Raum – der wie aus einer Parallelwelt gefallen erscheint, einer Welt, in der es keine Grenzen mehr gibt. Sechzehn große Rundbogenöffnungen ersetzen hier scheinbar mühelos die Wände. Mal dienen sie als Durchgang, mal als Fenster, dann wieder als Spiegel. An manchen Stellen hängen sie einander gegenüber – eine Antwort auf die etwa sechzig Jahre früher entstandene Spiegelgalerie in Versailles, die Cuvilliés mit Sicherheit vertraut war. Und der Blick in diese Spiegel macht süchtig. Sie holen das Licht, das Grün und die Bewegung von draußen herein und werfen diese Reflexe unaufhörlich, in immer neuen Brechungen, hin und her – das Echo eines Echos eines Echos … Eine Tiefenillusion entsteht, in der sich der Traum von der Unendlichkeit einen Wimpernschlag lang erfüllt.

Noch gesteigert wird dieser Effekt durch die Dekoration. Völlig losgelöst von statischen Beschwernissen, erfüllt sie den Saal mit Bewegung, Dynamik und einer bis dahin unbekannten Freiheit. Schon die Spiegel stehen auf zotteligen, irritierend lebendig wirkenden Löwenfüßen. Aus ihnen wächst Blattwerk heraus, das sich weiter oben zu einer Blütengirlande ordnet. Auch das Gesims gerät locker ins Schwingen, vielleicht weil sich eine fröhliche Gruppe von Putti darauf tummelt, die neben wenigen

Göttergestalten, Fischreihern, Weinstöcken, Ranken und Rosen, Fontänen und Fischernetzen, anderen Pflanzen und Tieren hier oben ein eigenes Leben entfaltet. Embleme der Jagd verschmelzen mit solchen des Kampfes und des Sieges, mit Wein und Karaffen zu einem Gespinst aus Realität und Fantasie. Darüber gibt es nur noch den freien, blauen Himmel … dass die flache Kuppel als solcher zu verstehen ist, sieht man an den darüberschwebenden Gänsen und anderen Vögeln, die das Herz jedes passionierten Jägern – und hier vor allem der Jägerin – erfreuen müssen. Am Deckenspiegel schließlich zwischen Bandelwerk, das durch Schleierwölkchen inspiriert sein könnte, eine stilisierte Sonne. Unter ihr hält ein äußerst wohlgenährter Putto den Lüster – die »künstliche Sonne« – fest. Stukkaturen und Schnitzereien überspinnen wie ein feines Gewebe den gesamten Raum und lassen die Unterschiede zwischen Sockel, Wand und Decke verschwinden.

Das kleine Jagdpalais war mit staunenswerter Präzision auf die Bedürfnisse der Hausherrin zugeschnitten. Wichtig für die Kurfürstin war alles, was mit der Jagd zusammenhing. So legte Cuvilliés eine geräumige Dachterrasse an, von der aus Amalie im Morgengrauen Fasane schießen konnte. Im Erdgeschoss entfaltete sich ein bestens durchdachter, hochintelligenter Grundriss. Der erste Raum war dazu bestimmt, dass das Jagdgefolge die regennasse Garderobe ablegen konnte. Im nächsten wurden die Flinten abgestellt – und die Hunde konnten in sieben dekorativ mit Blaumalerei verzierten, in den Wandschrank integrierten Boxen untergebracht werden. Dann folgte die Privatgarderobe der Kurfürstin mit dem »Leibstuhl« für die dringenderen menschlichen Bedürfnisse, diskret und raffiniert als Kommode verkleidet. Auf der gegenüberliegenden Seite hatte man einen eigenen Eingang für die Dienerschaft eingerichtet, dem zuerst ein Raum zur Auslage der Jagdstrecke folgte und dann die Küche, wo die Damen des Gefolges und Amalie offenbar selbst wirkten – der Adel hatte damals gerade das Kochen als Gesellschaftsspiel entdeckt.

Die an den Spiegelsaal angrenzenden Räume lassen die hier angestimmten Themen in unterschiedlichen Tonarten mit wechselnder Intensität noch einmal anklingen: So wurde das Jagdzimmer als kleine Galerie eingerichtet und mit Jagddarstellungen und Tierstücken ausgestattet, die fest in die Wände eingelassen sind. Das Ruhezimmer besticht mit überaus fantasiereicher silberner Schnitzdekoration vor zitronengelbem Grund; ein Alkoven nimmt das Bett der Hausherrin auf. Prunkstück ist die Küche, deren vollständige Auskleidung mit farbigen Fliesen und blau

gemalten Chinoiserien asiatisch-holländische Exotik in das Ambiente bringt. Der Schöpfer dieser Herrlichkeit, François Cuvilliés d. Ä., kam als Elfjähriger aus dem heute in Belgien liegenden, damals noch habsburgischen Soignies nach Bayern. Deutsch soll er nie gelernt haben, Französisch blieb seine bevorzugte Sprache und Frankreich überhaupt seine Leitkultur. Ein Glück, möchte man heute sagen, denn sonst wäre er wohl kaum zum Schöpfer des architektonischen Juwels geworden, das hier vorgestellt wird. Die Amalienburg zeichnet sich durch eine Eleganz und Raffinesse aus, wie man sie zu jener Zeit nur in Frankreich entwickelt hatte, und ihr zentraler Saal zählt

DIE KÜCHE IN DER AMALIENBURG

zum Vollkommensten, was man im Rokoko überhaupt erfinden konnte.

Wie geriet ein in der Wallonie geborener Junge an den Hof des bayerischen Kurfürsten Max Emanuel? Schuld waren »weltpolitische Verwicklungen«. Max Emanuel residierte seit 1691 als Statthalter der Spanischen Niederlande in Brüssel. Ganz in der Nähe lag ein bevorzugtes Jagdgebiet; oft residierte er in seinem Jagdschloss Mariemont. Bei einem seiner Aufenthalte im »Hennegau« soll er eine schöne Landestochter kennengelernt haben – ein Ereignis, das nicht ohne Folgen blieb. Ein Einzelfall wäre dies nicht gewesen – selbst seine Cousine, Liselotte von der Pfalz, berichtete in ihren Briefen von den allerorten »eingepflanzten« Sprösslingen ihres Vetters.[*] Max Emanuel entschied sich im Spanischen Erbfolgekrieg für die Seite des französischen Königs Louis XIV. – was er bitter bereuen sollte, denn mehr als drei Viertel der spanischen Niederlande gingen verloren. Es blieben nur die Grafschaft Namur, das kleine Herzogtum Luxemburg und der Hennegau – mit Soignies.

Nach Bayern ging es zunächst nicht zurück, Max Emanuel musste ins Exil. Der Kurfürst errichtete in dem nahegelegenen Mons eine kleine

[*] Ebd., 18

Residenz. Dort hat sich Cuvilliés, wohl geschickt von seinen Eltern – er war fünftes Kind in einer ärmlichen Familie – im Jahr 1706 vorgestellt. Der Kurfürst nahm den damals Elfjährigen als Hofzwerg auf: Cuvilliés war kleinwüchsig – oder blieb zumindest von so geringer Körpergröße, dass man ihn dafür halten konnte. Heute nimmt man an, dass der Kurfürst über die nahe Verwandtschaft des Kleinen mit ihm selbst informiert war ... Im Gefolge des kunstliebenden, großzügig Aufträge erteilenden und Kunst erwerbenden sowie frankophilen Herrschers lernte Cuvilliés Frankreich, Paris, Versailles kennen. Dort war inzwischen ein Stil in Mode gekommen, der sich »Régence« nannte: Anstelle des hochbarockem Pathos entwickelte dieser leichtere, flächigere, fließendere Dekorationen, die dem nachfolgenden Rokoko den Boden bereiten sollten. Ab 1715 jedenfalls lebte Cuvilliés wieder in München, legte ein Ingenieursexamen ab und durfte sich zwischen 1720 und 1724, großzügig ausgestattet durch seinen Herrn und mutmaßlichen Vater, in Paris über die neuesten Entwicklungen der französischen Bau- und Dekorationskunst informieren.

Zurück in München, stieg er zum Oberhofbaumeister auf. Ab 1726 setzte er seine Tätigkeit auch für den Sohn und Nachfolger Max Emanuels, Kurfürst Karl Albrecht, fort. Und als dieser schließlich sein Gehalt erhöhte, konnte Cuvilliés 1730 endlich heiraten: Seine Frau Barbara Bloemart hatte wie er familiäre Wurzeln im heutigen Belgien. Das Paar bekam neun Kinder ... und Cuvilliés, inzwischen ein begehrter Entwerfer, erhielt Aufträge von des Herzogs Bruder, dem Kölner Kurfürsten Joseph August, für die Schlösser Falkenlust und Augustusburg bei Brühl. Die »Reichen Zimmer« in der Münchner Residenz und nicht zuletzt das Cuvilliés-Theater (beide nach Kriegszerstörung rekonstruiert) machten seinen Namen ebenso wie die über fünfzig Bücher zur Innendekoration, die er herausgab, weithin bekannt. Sein Meisterwerk aber bleibt, aus Sicht der Autorin, der Spiegelsaal der Amalienburg. Die ins Eleganteste sublimierte Natur, die visuelle Auflösung der architektonischen Grenzen, die Beschwingtheit der Bewegungen und die Imagination einer unendlichen Ausdehnung machen aus dem eher bescheiden dimensionierten Saal einen Ort, an dem die Sehnsucht nach dem ganz anderen, nach frischer Luft, nach der Leichtigkeit des Seins, nach einer neuen Freiheit des Denkens und des Handelns für einen glücklichen Moment gestillt wird. Wie ein Schluck Champagner – zur richtigen Zeit, am richtigen Ort.

JEAN-FRANÇOIS DE BASTIDE
LA PETITE MAISON

Er führte Mélite direkt zu einem Salon, der sich zum Garten hin öffnete, ein Salon ohne seinesgleichen im ganzen Universum. Er bemerkte Mélites Entzücken und gestattete ihr, innezuhalten und seine Pracht aufzunehmen. In der Tat, dieser Salon war so sinnlich, daß er die zärtlichsten Gefühle erweckte, Gefühle, von denen man glauben würde, sie nur für seinen Besitzer haben zu können. Der Salon war von kreisförmiger Gestalt und von einer Kuppel gekrönt, die von Hallé ausgemalt war. Die lilafarbene Wandverkleidung faßte herrlich gestaltete Spiegel ein. Die Türbekrönungen hatte Hallé ebenfalls mit Liebesszenen bemalt. […] Ein Diener kam, um die dreißig Kerzen anzuzünden, die von einem Kronleuchter und verzierten Kandelabern aus Sèvre-Porzellan gehalten wurden und in ihren Halterungen aus vergoldeter Bronze kunstvoll arrangiert waren. Diese dreißig Kerzen wurden in den Spiegeln reflektiert, und der zusätzliche Glanz ließ den Salon größer erscheinen und umstrahlte aufs Neue das Objekt von Trémicours Begehren. Mélite bewunderte voller Ernsthaftigkeit die Schönheit des Raumes und verlor jegliches Interesse daran, Trémicour Böses zu wollen.

Angrenzend an das Bad war ein Ankleidezimmer. Die Wandvertäfelung, von Huet bemalt, stellte Früchte, Blumen und fremdartige Vögel dar, durchflochten mit Girlanden und Medaillons, in die Boucher Kameen mit galanten Motiven gemalt hatte, die der Gestaltung auf den Supraporten entsprachen. Tiefblaue und goldfarbene Porzellanvasen quollen über mit Blumen. Geschmackvoll bezogene Möbel aus Holz mit aventurinartiger Lackierung, gefertigt von Martin, gaben diesem Zimmer, das zweifellos sogar die Götter verzaubern könnte, noch eine weitere feine Note. Der Zimmerdecke hatte der Marquis eine nicht weniger verschwenderische Aufmerksamkeit zukommen lassen; eine flache Kuppel mit einem goldenen Blumenmosaik, ausgeführt von Bachelier, erhob sich über einem Fries vergoldeter Plastiken und einer eleganten Deckenleiste.

Solchen Wundern konnte Mélite nicht widerstehen; sie fühlte sich schwach, sogar erstickt, und mußte sich setzen.

»Ich ertrage das nicht mehr«, sagte sie. »Dieses Haus ist zu herrlich. Es ist nichts Vergleichbares auf Erden …«

**WARUM AUCH EIN STADTRAUM
VOLLKOMMEN SEIN KANN**
PLACE DES VOSGES, PARIS

E in Platz? Ein Raum? Ein Mythos? In jedem Fall ein Wohlfühlort. Warum? Geschlossene Wände, »wohnliche« Proportionen und sanfte Rhythmen erzeugen den Eindruck eines mit Augenmaß geplanten Raumes. Großzügige Weite und schützende Wände, hohe Kamine, offene Arkaden und warme Farben formieren sich zu einem ganz eigenen Tableau, das ohne störende Einschübe von der »guten alten Zeit« erzählt. Mit Symmetrie und Gleichmaß bildet die Place des Vosges im Gewusel der gewachsenen Stadtlandschaft einen wohltuenden Ruhepol, eine überzeugende Verbindung aus Eleganz und Gemütlichkeit. Schmiedeeiserne Balkongitter und schmale Fenster von elegantem Zuschnitt fügen sich in warmtonige Mauern aus Ziegeln und sandfarbenem Naturstein ein. Genau im Zentrum der quadratischen Anlage laufen die unsichtbaren Fäden in einem klassischen Reiterstandbild zusammen. Harmonischer kann ein Platz nicht sein.

Was ist das Besondere an diesem Architektur-Ensemble? Zunächst einmal vermeiden die Seitenwände des Platzes durch ein raffiniertes Gestaltungskonzept jede Monotonie und Langeweile. Obwohl als geschlossene Fronten ausgebildet, gliedern sie sich in Einzelhäuser mit jeweils einem deutlich hervorgehobenen Sattelwalmdach und einer separaten Fassade. Grandios, wie diese Fassaden nur durch die beiden mittleren Dachfenster, »Lukarnen« genannt, und die optischen Eckverstärkungen in Haustein voneinander abgesetzt sind. Eine stärkere Mittelbetonung hätte das Auge jeweils an einem Hauselement festgehalten. So aber fügt sich die Doppelreihe der Fenster zu einem gleichmäßigen Rhythmus zusammen, der den Platz als Einheit definiert. Nur zwei Häuser brechen aus diesem Schema aus: die sich gegenüberstehenden Mittelpavillons an der Nord- und Südseite. Sie erheben sich auf einem erhöhten Sockel und besitzen nicht vier, sondern fünf Achsen sowie ein steileres Dach. Und sie werden »Pavillon du Roi« und »Pavillon de la Reine« genannt. Weder

DAS REITERSTANDBILD
LUDWIGS XIII.

DER PLATZ IM FRÜHSOMMER

der König noch seine Frau haben allerdings je hier residiert. Die Funktion der beiden Pavillons ist eine symbolische. Der Souverän, so ihre Botschaft, unterscheidet sich nur wenig von seiner Umgebung, er ragt aus dem Gesamtgefüge der Gesellschaft nur mäßig heraus. Das Motiv politischer Zurückhaltung, das erst Louis XIV. mit Versailles in sein Gegenteil verkehren wird, ist hier mit subtilen Mitteln zur Anschauung gebracht.

Der erste der Pariser Königsplätze zeichnet sich aus durch Noblesse, aber nicht durch erdrückende Monumentalität: Nur im Dachbereich sind die Fenster durch anspruchsvolle Dreiecksgiebel hervorgehoben. An den Mittelpavillons nimmt der Wechsel von Dreiecks- und Segmentbogengiebel ein Motiv auf, das Michelangelo ab 1537 für das Kapitol in Rom erfunden hatte. Ihren besonderen Charme aber bezieht die Spätrenaissance-Architektur vor allem aus ihrer ungewöhnlichen Farbigkeit. Das blaugraue Schimmern der Schieferdächer, das Rot der Ziegelwände und der Champagner des Kalksteins fügen sich zu einem pittoresken Ensemble zusammen. Dass seiner Wirkung etwas nachgeholfen wurde, erkennt man (fast) nicht: Die Ziegel – damals ein kostspieliger Ersatz für den sonst üblichen Strohlehm – sind aufgemalt. Hinter dem Putz, auf dem man sorgfältig auch die Fugen aufgebracht hat, verbergen sich zwar tatsächlich Backsteine. Aber deren Qualität war für eine homogene Wirkung nicht gut genug.

Der Platz ist fantastisch – aber er ist ganz und gar nicht pariserisch. Arkaden erinnern an Italien, Ziegel und Sandstein an die Niederlande. Und ganz allgemein war eine so große, regelmäßig gerahmte Fläche innerhalb des mittelalterlichen Straßengewirrs in Paris ein Novum. Wer hat sich so etwas ausgedacht? Um dem Geheimnis der Place des Vosges auf die Spur zu kommen, muss man nach ihrem Initiator fragen. Auf ihn weist der ursprüngliche Name der Anlage hin – denn »Place des Vosges« (Vogesenplatz) heißt das Ensemble erst seit dem Jahr 1800, in dem das Département Vogesen nach der administrativen Reorganisation Frankreichs als erstes seine Revolutionssteuer bezahlt hatte. Gebaut worden war der Platz als »Place Royale«, und sein Auftraggeber hieß: Henri IV.

Der französische König Henri IV. ist unsterblich geworden mit dem Ausspruch, er wolle dafür sorgen, dass in seinem Land jeder Bauer sonntags ein Huhn in seinem Topf habe. Der Satz klingt heute harmloser, als er gemeint war: Als Henri IV. 1598 die Krone erbte, war Frankreich ein durch ausdauernde Religionskriege zerrüttetes Land. Pragmatisch und volksnah, ging es ihm darum, die Gräben zwischen katholischen und protestantischen Franzosen zu überbrücken und das zerrissene Land zu pazifizieren. 1598 hatte er das Edikt von Nantes erlassen, das beiden Parteien (fast) die gleichen Rechte zusicherte. Es stiftete einen lang währenden Religionsfrieden. Zusammen mit seinem fähigen Finanzchef zog Henri IV. weitere radikale Reformen durch: Eine effiziente Infrastruktur, eine modernisierte Landwirtschaft und ein entschuldeter Staatshaushalt waren das Ergebnis. Auch die Verwaltung wurde durch den Verzicht auf überflüssige königliche Ämter verschlankt. Durch ein gezieltes Investitionsprogramm brachte man gleichzeitig die Industrie auf Wachstumskurs: Henri IV. gründete die Manufacture des Gobelins und legte mit der Pflanzung von Tausenden Maulbeerbäumen die Grundlage für Frankreichs überaus erfolgreiche Seidenproduktion.

Zu einem weiteren bedeutenden Mosaikstein in diesem Tableau wird im Jahre 1605 die Place des Vosges. An ihrer Stelle hatte ursprünglich ein königliches Palais gestanden, das jedoch verfallen und dann mehr oder weniger abgetragen worden war. Inzwischen fand hier der Pferdemarkt statt. Jetzt aber sollte an der Nordseite des Geländes zunächst ein Manufakturgebäude samt Arbeiterwohnungen entstehen, um – nach Mailänder Vorbild und durch italienische Handwerker – gold- und silberdurchwirkte Stoffe produzieren zu lassen. In der unmittelbaren Nachbarschaft war die Ansiedlung von Händlern geplant – und zwar so, dass diese Wohnen und Verkauf miteinander verbinden konnten: Im Untergeschoss der neu zu errichtenden Häuser wurden Ladengeschäfte installiert, darüber Wohnungen. Die hohen Dächer boten ideale Lagermöglichkeiten. Um den Verkauf vor allem auch der Seide zu fördern, umzog man den Platz mit einer umlaufenden Arkadenreihe, die das Einkaufen zum trockenen und (im Sommer) beschatteten Vergnügen machen sollte. Das Seiden-manufaktur-Experiment war zwar nicht sehr erfolgreich und wurde nach kurzer Zeit aufgegeben. Aber die Häuser blieben.

Aus dieser Situation entwickelte der damals 51-jährige Monarch ein Projekt, das zum Schaufenster seiner Wirtschafts- und Sozialpolitik werden sollte. 36 einzelne Palais wurden in einer Art Investorenmodell er-richtet: Die Ästhetik war zwar vom König selbst vorgegeben worden, aber die Grundstücke veräußerte man individuell. Eine wesentliche Rolle spielten die Arkaden, in denen die Gewerbetreibenden großzügige La-denlokale vorfanden. Gleichzeitig enthalten auch sie ein konkretes poli-tisches Statement: Die Arkadengänge erzählen noch dem heutigen Fla-neur von der Volksnähe des Königs, der den sonst »in ihren Häusern stark eingeengten Bürgern«[*] hier eine Möglichkeit zum Spazierengehen bieten wollte, da es in den schmalen, bürgersteiglosen Straßen von Paris perma-nent zu gefährlichen Konflikten und Unfällen zwischen Fußgängern, Reitern, Kutschen und Lastkarren kam. Schon 1563 hatte das franzö-sische Parlament den Vorgänger von Henri IV. (erfolglos) gebeten, Fahr-zeuge auf den Pariser Straßen zu verbieten. Kein Wunder, dass die eben-falls per königlichem Dekret errichtete erste steinerne Brücke über die Seine, die Pont-Neuf, erstmals Bürgersteige erhielt.

Gab es Vorbilder? Das Prinzip der Place des Vosges hat Henri IV. nicht erfunden, sondern möglicherweise in Aquitanien (Labastide-d'Ar-magnac) kennengelernt, wo er sich öfters bei einem Freund aufgehalten hatte.[**] Ein Inspirator mag auch die Plaza Mayor in Madrid gewesen sein, die Philipp II. ab 1580/90 bauen ließ. Und möglicherweise hat er 1602 in Metz arkadengesäumte Plätze gesehen, die ihm gefielen. Die Idee lag also in der Luft. Aber keiner dieser Vorgänger erreicht auch nur an-nähernd die überragende architektonische Qualität der Place des Vosges. Henri IV. hat von sich gesagt, dass er im Leben drei Dinge unternommen habe: den Krieg, die Liebe und Bauwerke. Er war der erste Urbanist auf dem französischen Thron. Der Platz, so nimmt man an, ist eine Gemein-schaftsarbeit zwischen ihm selbst, seinem Finanzchef Sully und einer Architektenkommission, der Clément Métezeau, Jacques II. Androuet du

[*] Kimpel 1982, 187   [**] Vgl. Champigneulle 1982, 196–200

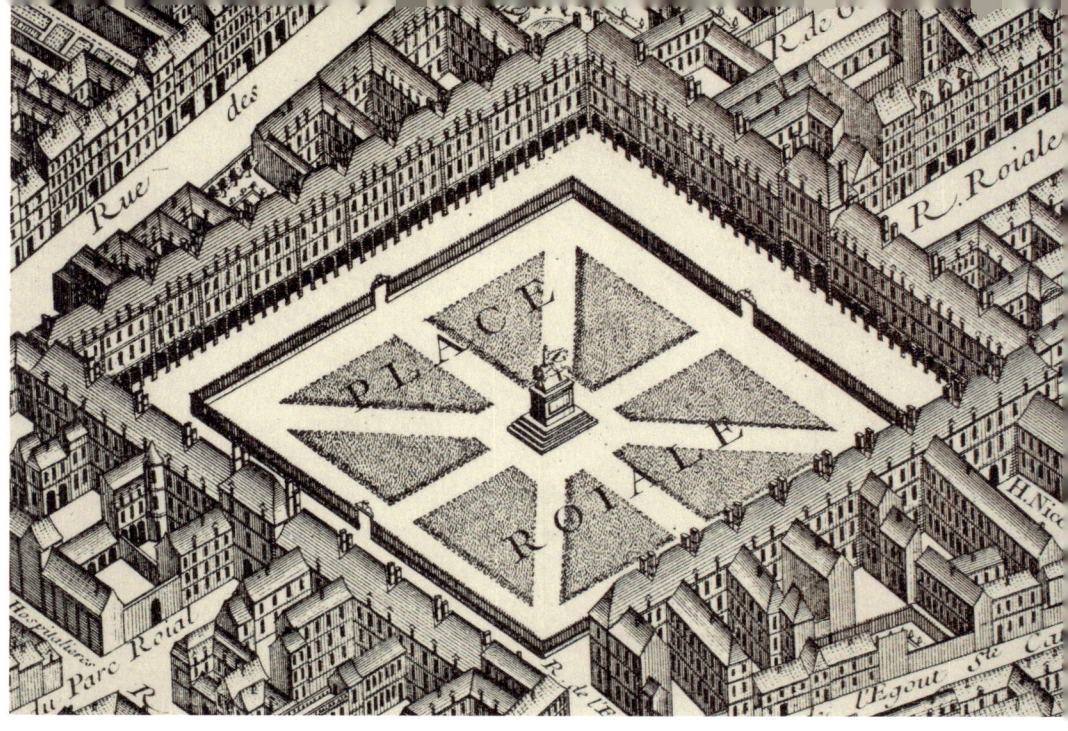

Cerceau und Claude Chastillon angehörten. Ersterer hat übrigens 1606 in der am Rande der Ardennen gelegenen Festungsstadt Charleville-Mézières die »Place Ducale« errichtet, deren regelmäßige Bauweise wie ein (deutlich schwächerer) Reflex der Pariser Anlage wirkt.

Visionär gedacht: Die »Place Royale« ist nur ein Teil eines größeren städtebaulichen Projekts, das Henri IV. nicht mehr zu Ende bringen konnte. An der Spitze der Île de la Cité erhielt sie ein trianguläres Pendant, die »Place Dauphine«. Benannt zu Ehren des 1601 endlich geborenen Thronfolgers, erhielt der Platz ab 1607 eine der Place Royale vergleichbare homogene Bebauung, deren Einzelformen jedoch weniger aufwendig ausgestaltet wurden. Auch hier steht ein Reiterstandbild im Fokus, das genau vor der Spitze des Dreiecks, schon auf der Pont-Neuf, postiert wurde: Es zeigt Henri IV. zu Pferd. Auch wenn von der ursprünglichen Bebauung nicht mehr allzu viel erhalten ist, demonstriert der Platz jedoch noch immer die einer geometrischen Ordnung verpflichtete Stadtplanung des Monarchen. Nur noch durch Zeichnungen bekannt ist das dritte Element dieser Planung, die »Place de France«. Sehr viel größer dimensioniert und deshalb am Stadtrand, im Norden des Marais vorgesehen, war sie als Halbkreis geplant, dessen Zentrum von einem neuen

Stadttor eingenommen wurde. Die acht einmündenden Straßen sollten nach den wichtigsten französischen Provinzen benannt werden. Die Realisierung der »Place de France« wurde durch den frühen Tod des Königs vereitelt. Immerhin: Im Marais erinnern die halbkreisförmig verlaufende Rue Debelleyme und Straßennamen wie die der Rue de Bretagne und der Rue de Poitou bis heute an den urbanistischen Ehrgeiz des Henri IV.

Doch zurück zur Place des Vosges: Hier verdrängte sehr schnell der Adel die Gewerbetreibenden. 1612 wurde das damals noch offene, mit Sand bestreute Karrée anlässlich der Hochzeit des Dauphins, Louis XIII., mit festlichen Turnieren eingeweiht; Henri IV. selbst war zwei Jahre zuvor einem Attentat zum Opfer gefallen. In der Folgezeit entwickelte sich die Place Royale zur beliebten Bühne für Turniere und andere feudale Vergnügungen. Ab 1645 brachte man an den Fassaden deshalb große schmiedeeiserne Balkons an, die bei den Freiluftveranstaltungen als Logen dienten. Zu den ersten Bewohnern zählten Kardinal Richelieu, die Dramatiker Molière und Corneille und natürlich der Herzog von Sully, dessen großartiges Palais noch heute eine der Attraktionen des Marais bietet (Haupteingang an der Rue Ste. Antoine, vom Platz aus erreicht man die Rückseite mit der Orangerie). Richelieu ließ 1639 das Reiterstandbild von Louis XIII. aufstellen, das später zwar der Revolution zum Opfer fiel, heute aber in einer Kopie wieder an der ursprünglichen Stelle steht. 1670 verwandelte man den Sand in Rasen, und kurze Zeit später zäunte man diesen mit einem prächtigen schmiedeeisernen Gitter ein. Im frühen 19. Jahrhundert kamen die vier Brunnen dazu. 1832 zog Victor Hugo in eine repräsentative, mondän ausgestattete Wohnung von immerhin 280 Quadratmetern (Nr. 6) ein, die man heute noch besichtigen kann.

KURT TUCHOLSKY
PLACE DES VOSGES

Viereckig liegt der Platz. Die Bäume, Gitter
und Häuser rings sehn mich quadratisch an,
und in der Mitte trabt ein Marmorritter,
ein unbeschreiblich kaiserlicher Mann.
Ich sitz und knack an Papageiennüssen
und bin schon bis zur dreißigsten gediehn –
da hab ich plötzlich daran denken müssen:
Was macht wohl jetzt, im Augenblick, Berlin?

Vor Josty staut sich hier und da ein Wagen.
Ein Dicker kauft ein »Acht-Uhr-Abendblatt«
(um Viertel sechs) – zwei dünne Kellner tragen
das Eis, das jeder zu verzehren hat.
Und in der Untergrundbahn Kellerräumen
ruft einer: »Wolln Sie nich den Korb wechziehn?«
»Sie Lümmel!« hallt es noch in meinen Träumen …
Was macht wohl jetzt, im Augenblick, Berlin?

Kaufleute schuften. Alle Uhren treiben.
Und alle Welt hat Dienst. Kein Mensch flaniert.
Ein Redakteur darf einen Aufsatz schreiben
auf Poincaré, der doch nicht inseriert.
Die Damen gehen shopping voller Eile
und wackeln emsig mit dem Hinterteile …
Auch dieser Platz war einmal ohne Tadel;
hier wohnte früher guter, alter Adel.
Jetzt kümmert sich kein feiner Mann um ihn.
Vielleicht aus Neugier jener oder dieser …
Ich aber denk als alter Spree-Pariser:
Wie lieb ich dich! Von weitem. Mein Berlin!

DENKRAUM DER BESONNENHEIT
LESESAAL DER KULTURWISSENSCHAFTLICHEN
BIBLIOTHEK WARBURG, HAMBURG

Nach kalter Zigarre riecht es in diesem Raum wohl doch nicht. Aber es sieht ganz so aus. Die dunkle Eichenvertäfelung dieses Raumes aus den zwanziger Jahren erinnert an das klassische Herrenzimmer jener Zeiten, in das sich die männlichen Teilnehmer gepflegter Diners auf ein Raucherstündchen zurückziehen konnten. Hier aber befinden wir uns in einem Bibliotheksgebäude, in dem bestenfalls die Köpfe rauchten – männliche ebenso wie weibliche. Spontan löst dieser seriös daherkommende Büchersaal vielleicht keine Begeisterungsstürme aus. Aber er hat eine einzigartige Atmosphäre. Seine ovale Form, das blütenähnlich gestaltete Oberlicht, der jaspisgrüne Linoleumboden und die vielen Bücher erzeugen einen Gesamtklang aus Geborgenheit und Erkenntnishunger. Hinter den Oberflächen der Holzregale aber öffnet sich die Tiefe des Universums. Denn der ehemalige Lesesaal der Kulturwissenschaftlichen Bibliothek Warburg in Hamburg ist ein gebautes Symbol der Vollkommenheit.

Schon die Hinführung hat etwas von einem Initiationsweg. Erst passiert man das düstere, mit Solnhofener Sandstein ausgekleidete Entree, dann unterquert man einen steinernen Balken, in den das griechische Wort »MNEMOSYNE« (die Göttin der Erinnerung) eingemeißelt ist.[*] Es folgt eine fensterlose Halle. Hinter ihr öffnet sich eine zweiflügelige Tür – und schließlich, als lichterfüllter Ziel- und Endpunkt, der Saal. Die Steigerung vom Dunkeln ins Licht erinnert an Senecas wohlbekannte Devise »Per aspera ad astra « – »Durch Mühsal gelangt man zu den Sternen«. Aby Warburg, der anspruchsvolle Auftraggeber dieses Bibliotheksgebäudes, hat sich um jedes Detail gekümmert. Es ist durchaus denkbar, dass er hier architektonische Notwendigkeiten durch wenige Eingriffe in eine mit Bedeutung aufgeladene Passage verwandelt hat. Dafür spricht einerseits der steinerne »Mnemosyne«-Balken, der von griechischen Grabanlagen inspiriert ist. Und andererseits der Umstand, dass das ohne-

[*] Ursprünglich war der kleine Vorraum oberhalb der Steinplatten zusätzlich dunkel gestrichen.

hin schon lichtarme Entree ursprünglich, wie historische Fotos doku-
mentieren, dunkel gestrichen war. Man kann sich vorstellen, dass Warburg, der sich ein Leben lang mit der symbolischen Bedeutung von
Bildern beschäftigt hat, in seiner Bibliothek nichts dem Zufall überließ.

Der Saal überrascht durch seine ellipsoide Gestalt. Sie wird betont
durch ein entsprechendes Oberlicht, das einer zwölfblättrigen Blüte
ähnelt.[*] Wie Blütenkelche sehen auch die bronzenen Wandleuchten zwischen den Fenstern aus – ein merkwürdiges Motiv, das jedenfalls eines
verrät: Für diesen Saal kamen Standardlösungen nicht in Frage. Alles ist
eigens angefertigt, durchdacht, mit einer Absicht verknüpft. So erzählen
die Knospen und Blütenkelche vom Aufblühen, von einer positiven Entwicklung vielleicht auch deshalb, weil Warburg damals selbst eine solche
durchlebt hatte: Nach mehrjähriger psychischer Erkrankung war er 1924
zu seiner und seiner Umgebung Überraschung weitgehend genesen. Er
fühlte, wie seine Kräfte wunderbarerweise zurückkehrten und es ihm
erlaubten, seine Funktion als Leiter der Kulturwissenschaftlichen Bibliothek nicht nur wieder aufzunehmen, sondern mit dem Bibliotheksbau
sogar noch zu intensivieren, so dass dieser zum Zeugnis für den Neu-
anfang werden konnte. Mit größter Aufmerksamkeit widmete er sich der
Planung des Lesesaals. Eine Seite des Ovals wurde mit Bücherregalen,
die andere mit hohen Fenstern bestückt. Die Regale erhielten Auszüge,
auf denen die Tafeln des »Bilderatlas« – Warburgs Lebensprojekt – aufgestellt werden konnten. Zum Haus hin wurde über den Regalen zusätzlich eine Empore eingebaut, auf der man wie in einem Mini-Amphi-
theater sitzen kann. Gegenüber lassen vier hohe Fenster die zauberhafte
Idylle eines Gartens am Alsterlauf durchschimmern. Bücher und Fenster,
Literatur und Ausblick, Dialog mit den Autoren der Vergangenheit gegen den Blick in die Natur, was braucht man mehr? Das subtile Gleichgewicht der Gegensätze erzeugte eine – noch heute spürbare – Harmonie, die sich aus antiken Vorstellungen speist – kein Wunder, denn
Warburgs Bibliothek war »dem Nachleben der Antike« gewidmet.

Insgesamt nimmt der Saal mit seiner Empore die Disposition eines
klassischen anatomischen Theaters oder eines Amphitheaters auf: Nur
dass hier nicht mit dem Stier, sondern mit der Erkenntnis gerungen werden sollte. Die legendäre, ebenfalls mit Rängen ausgestattete Rotunde
der Herzog-August-Bibliothek in Wolfenbüttel (1887 abgerissen) könnte
hier ebenfalls Pate gestanden haben. Ein Element aber unterscheidet
Warburgs Lesesaal von diesen möglichen Vorbildern: die dem Eingang

---

[*] Im Zuge der Rekonstruktion des Saals im Jahre 1994 wurde das Oberlicht in einer vereinfachten Form wieder-
hergestellt.

genau gegenüberliegende rechteckige Nische. Sie erinnert an den Altarraum von Kirchenbauten – etwa der ebenfalls über elliptischem Grundriss errichteten Bernini-Kirche Sant'Andrea al Quirinale – und verleiht
dem Raum einen leicht sakralen Anstrich. Vielleicht hat sich Warburg
aber auch durch einen anderen, in unmittelbarer Nähe gelegenen Kult-
raum anregen lassen, der mit ovalem Grundriss, hohen, schmalen Fenstern und einer rechteckigen Ausstülpung seinem Lesesaal sehr ähnlich
ist.* Es handelt sich um eine kleine Synagoge, die zum Oppenheimer-
Stift, einer sozialen Einrichtung für weniger bemittelte Familien, gehörte.
Ob Aby Warburg diese aus eigener Anschauung kannte, ist ungewiss. Er
selbst hatte sich ja schon in früher Jugend vom Judentum losgesagt. Aber
wie dem auch sei: Seine »Apsis« benötigte er nicht etwa zur Aufbewah-
rung kostbarer Bücher, sondern zur Installation einer technischen Kom-
mandozentrale. In ihr waren profanerweise Ausgangs- und Endpunkt
des vollautomatischen Büchertransportsystems untergebracht, das den
Lesesaal mit den über der Halle liegenden Büchermagazinen durch eine
Rohrpost und ein Fließband verband. Antike und Technik, historische
Form und zeitgenössischer Inhalt – diese Kombination spiegelte Warburgs ureigenes Erkenntnisinteresse, das gleichermaßen der Analyse von
Problemen der Gegenwart wie solcher der Vergangenheit galt.

Vieles in diesem mit Bedacht gestalteten Lese- und Vortragssaal lud
und lädt zum Bleiben, zur Versenkung ein: die Ruhe, die sorgfältig gear-
beiteten Holzvertäfelungen und Regale, der lärmschluckende Linoleumboden, die vielen Bücher, der Efeu vor den Fenstern – zu Warburgs
Zeiten ergänzte eine erstklassige Zeitschriftenauslage das Angebot, die
in den niedrigen Regalfächern auf der Empore untergebracht war. Der
eigentliche »Wohlfühlfaktor« aber entsteht durch das Oval. Es war
auf dem schmalen Grundstück nur sehr schwierig unterzubringen gewesen – so schwierig, dass schließlich ein Teil des danebenliegenden
Wohnhauses der Familie Warburg überschnitten werden musste. Warum
bestand Warburg dennoch so eigensinnig darauf, dass er seinen Architekten Gerhard Langmaack damit fast zur Verzweiflung brachte? Warum
durfte der Lesesaal auf keinen Fall rechteckig oder rund werden? Was
sind seine Vorteile? Erst einmal hatte Warburg selbst die Erfahrung gemacht, dass Räume ohne oder mit einem gleichmäßigen Radius oft ein-
schläfern. Eine Ellipse aber wird, wie wir schon bei San Carlo alle Quattro
Fontane gesehen haben, in der Regel von zwei Punkten aus konstruiert.
Sie hat zwei Brennpunkte, zwei Pole. Zwischen diesen Polen schwingt,

---

* Stockhausen 1992, 112

so Warburgs Überzeugung, die Energie des Raumes immer hin und her. »Die Ellipse«, so hatte er es dem Hamburger Philosophen Ernst Cassirer erläutert, »sei ein Wendepunkt in der Auffassung unseres Daseins. Für Plato sei der Kreis das Symbol der Vollkommenheit gewesen, sozusagen die schöpferische Figur für den Begriff unseres Weltalls. In Wahrheit sei die Ellipse diese schöpferische Figur, denn die doppelten Pole dieser Figur seien charakteristisch für das Weltall: sie beherrschten die Bewegungen im Kosmos, und sie seien das Symbol des Menschen mit seiner polaren Struktur von Geist und Seele. Überall, wo Leben sei, zeige sich die Zweiheit der Pole: Nicht nur in der Elektrizität, sondern auch in Sommer und Winter, in Mann und Weib.«[*] Nur in einem solchen Raum konnte die für geistige Höchstleistung benötigte Spannung aufrechterhalten werden.

Mit dem Lesesaal der Kulturwissenschaftlichen Bibliothek Warburg nutzte Warburg die einzigartige Chance, die schöpferische Figur der Vollkommenheit anschaulich zu machen. Er dokumentiert das Grundgesetz allen Lebens, das Gesetz der Bipolarität und des aus ihr erzeugten ewigen Pendelschwungs. Für Warburg hatte dieses Bewegungsmodell eine persönliche, eine existenzielle Bedeutung. Wie wohl jeder auf Assimilation hoffende Jude seiner Zeit identifizierte er sich mit den Idealen der Aufklärung, mit der Entwicklung des Menschen aus dem Dunkel des Aberglaubens hin zum Licht der Vernunft. Nur diese Vorstellung ließ darauf hoffen, dass es eine Zukunft ohne Antisemitismus geben könne. Ein Leben lang in der Position des gesellschaftlichen Außenseiters, hatte er gerade wieder einmal am eigenen Leibe erlebt, wie nach dem Ersten Weltkrieg das »internationale Judentum« pauschal für die militärische Niederlage verantwortlich gemacht wurde (»Dolchstoßlegende«), so wie man es im Mittelalter für den Ausbruch der Pest in Anspruch genommen hatte. Immer wieder schwang das Pendel der Menschheitsgeschichte vom Pol der Vernunft zurück zu dem des irrationalen, des »magischen« Denkens. »Das schwerste für einen christlich denkenden Deutschen ist vielleicht, seinem primären Instinkte nicht Folge zu leisten [...]«, hatte Warburg schon 1907 angesichts eines aktuellen Ausbruchs von Antisemitismus notiert.[**] Was konnte man tun, wenn die Errungenschaften der Zivilisation, wenn die Humanität selbst in Gefahr geriet?

»Das ist gerade der Augenblick, wo sich die Überlegenheit echter Ruhe zeigen sollte.«[***] In solchen Momenten konnte nur eines helfen: Distanz – und die Ruhe, die sie erzeugt. Wer zurücktritt, schafft einen

---

[*] Zit. n. Michels 2007, 92   [**] Michels 2015, 45   [***] Ebd.

Raum. Er bildet einen Abstand zwischen Subjekt und Objekt, zwischen Mensch und Welt. Er kann rein reflexhaftes Handeln unterscheiden von bewusstem, überlegtem Tun. Aus dieser Beobachtung heraus entwickelte Warburg das berühmt gewordene Schlagwort vom »Denkraum der Besonnenheit«.[*] Nur mittels der Entfernung vom Gegenstand der Betrachtung ließen sich, so seine Überzeugung, aktuelle Phänomene richtig einschätzen, ließen sich gefährliche Energien bändigen. Der Lesesaal musste eine elliptische Form erhalten, weil er beides verkörperte: die Erkenntnis der Bipolarität als Grundprinzip allen Lebens und die paradoxe Hoffnung, sie überwinden zu können. Den Weg dorthin wies Warburgs Bibliothek und das von ihr angestoßene Forschungsprojekt. Zum Glück, darf man aus heutiger Distanz sagen, hat es der 1929 Verstorbene nicht mehr erleben müssen, wie schnell und wie radikal die Politik der nationalsozialistischen Barbaren sein Weltbild bestätigte. Der Lesesaal aber fordert uns bis heute auf, ihn als Denkraum zu benutzen – und sein Potential in aktive, historischen wie gegenwärtigen Problemen gewidmete Handlungsenergie umzuwandeln.

[*] Vgl. Treml, Flach, Schneider (Hgg.) 2014

DER LESESAAL DER K. B. W. IM JAHR 1926

ABY WARBURG
REDE VOR DEM KURATORIUM

Hamburg, den 21. August 1929

Meine Herren!

Ehe wir in die Beratung von Einzelheiten eintreten, scheint mir der Versuch geboten, den seelischen Ort zu präzisieren, an dem sich innerhalb der forschenden Welt die Kulturwissenschaftliche Bibliothek Warburg befindet.

Sie bedeutet in dem noch ungeschriebenen Handbuch der Selbsterziehung des Menschengeschlechtes ein Kapitel, das den Titel haben könnte: »Von der mythisch-fürchtenden zur wissenschaftlich-errechnenden Orientierung des Menschen sich selbst und dem Kosmos gegenüber«.

Die methodische Eigenart der Kulturwissenschaftlichen Bibliothek Warburg würde dabei nach zwei Richtungen hin zu Tage treten:

dadurch, daß dies Kapitel *illustriert* ist, d. h. daß dieser Pendelgang zwischen mythischer und wissenschaftlicher Auffassung im Spiegel der künstlerischen Gestaltung – vom Fetisch bis zum Drama – durch etwa drei Jahrtausende hindurch systematisch-historisch verfolgt und in einer ausgewählten Reihe von Reproduktionen wiedergegeben wird. Dazu eben soll der vielerwährte Atlas von der bildmateriellen Seite her helfen.

dadurch, daß diese seelische Pendelschwingung realgeographisch als Mittelmeerbecken-Vorgang aufgefaßt wird, indem die betrachteten Ausdruckswerte in Sprache, Bildwerk oder Drama, auf ihre zentrale oder periphere Bezogenheit zu jenen schöpferischen Kraftfeldern, die wir Babylon, Athen, Alexandrien, Jerusalem, Rom, nennen, untersucht, Einblick gewähren in das Urprägewerk europäischer Mentalität.

Kann man einen solchen Auffangapparat überhaupt konstruieren? Gleichsam einen internationalen Seismographen für geistigen Erbguts- verkehr von Osten nach Westen, von Norden nach Süden, der anzeigen soll, durch welche selektive Tendenz die gedächtnismäßige Gestaltung dieser Erbmasse in den verschiedenen Epochen charakterisiert wird? Die Antwort muß lauten: man darf diesen Versuch – über dessen Risiko nach- zudenken ich im Laufe meiner 43-jährigen Dienstzeit ausreichend Ge- legenheit hatte – wagen, wenn man dabei einerseits durch *einen* Leit- gedanken zur Konzentration gezwungen, auf der anderen Seite zugleich durch ein Kollegium begeisterter Mitarbeiter in diesem Pionierwerk einer historisch-psychologischen Ausdruckskunde unterstützt wird.

Dieser Leitgedanke trat auffordernd an mich schon seit meiner Schulzeit heran in der Frage nach der Bedeutung des Einflusses der heidnischen Antike auf die europäische Geisteshaltung. Und diese Frage ist bis heute der Ariadnefaden geblieben, an dem wir uns durchzufinden versuchen durch das Labyrinth aller Gestaltung, die Auseinandersetzung mit der gedächtnismäßig überlieferten Vorprägung bedeutet. Diese Ver- einigung der Grundsätze: Beschränkung im Ziel und Steigerung der Leistung durch kollegiale Energie, hat sich nun bewährt gegen große Widerstände und Zweifel (hauptsächlich in mir selbst) als tragende me- thodologische Maxime, und die Kulturwissenschaftlichen Bibliothek Warburg ist eben das Instrument, das vielleicht letzten Endes dazu bei- tragen wird, die Funktion des persönlichen und sozialen Gedächtnisses zu ergründen.

AUS ALLEM EINS UND AUS EINEM ALLES
DER BARCELONA-PAVILLON

Viele der in diesem Buch vorgestellten Räume zeichnen sich aus durch ihr totales In-sich-Ruhen: Es sind Zentralräume. Ihre Energie sammelt sich in ihrer Mitte. Macht man sich den Spaß, einmal nach dem totalen Gegenteil dieses Prinzips, nach seinem größtmöglichen Kontrast zu suchen, so stößt man unweigerlich auf ihn – den Barcelona-Pavillon von Mies van der Rohe. 1929 als deutscher Beitrag der Weltausstellung errichtet, wurde er nach deren Ende abgerissen, aber zwischen 1983 und 1986 als getreue Kopie wieder aufgebaut: Weil man auf ihn nicht verzichten konnte. Der Barcelona-Pavillon lebt ein zweites Leben als Ikone der Weltarchitektur.

Warum? Weil dieser Raum ganz anders ist als alle vor ihm. Er wartet nicht, sondern er wird selbst aktiv. Er dehnt sich aus und lauert schon draußen auf Passanten. Erzeugt ein leises Ziehen, so dass man sich schnell auf den acht Stufen wiederfindet, die auf eine großzügige, helle Plattform führen. Schon diese vermeintlich harmlose Treppe träufelt bereits eine Nachricht in das Unterbewusstsein: Achtung, zwar modern, aber auch von antiker Würde! Denn auch griechische Tempel stehen in der Regel auf einem steinernen Plateau, einer sogenannten Plinthe, die man über Stufen erreicht. Dann aber die zweite Überraschung: Die Stufen führen nicht frontal auf den Haupteingang zu, sondern zwingen zur Kehrtwende. Dann müsste eigentlich der Eingang kommen, ein Loch in einer geordneten Fassade. Hier gilt die erste Wahrnehmung einem weit vorkragenden, flachen Dach. Unter ihm ein verglastes Nichts als Raumbegrenzung und dann zwei massive Wände, die nicht quer, sondern in Längsrichtung verlaufen und den Besucher sanft ins Innere geleiten. Bereits an dieser Stelle wird deutlich, wie brillant die Inszenierungskunst von Mies van der Rohe funktioniert: Er versetzt den Besucher in eine kontinuierliche Bewegung, und er bietet ihm ständig wechselnde, verlockende Perspektiven an. Denn eigentlich zieht es einen sofort weiter, nach draußen, zu einem auf der Rückseite angelegten kleinen Innenhof, der nur durch eine vollständig verglaste Wand vom Inneren getrennt ist. Der Spiegel eines flachen Wasserbeckens sendet seine Reflexe aus, die nackte Figur einer sich reckenden, im Wasser stehenden Frauenfigur lockt mit dem Schlüsselreiz einer nordisch-herben Venusfigur. Hinaustreten und sich das Ganze aus der Nähe ansehen wäre eine Option. Erneut eine Kehrtwende unternehmen und sich weitertreiben lassen eine andere ... Der Barcelona-Pavillon wurde nicht deshalb zu einem Mythos, weil er Altbekanntes neu definiert: Das traditionelle Prinzip des abendländischen Einzelhauses – Modell »Schuhschachtel mit Löchern« – ist hier außer Kraft gesetzt. Außen, Innen, alles geht hier ineinander über. Der Raum hat keine eindeutigen Begrenzungen mehr, sondern erfreut sich einer freien Strömungsmöglichkeit. Er schließt den Besucher nicht ein, sondern gibt lediglich Grenzhinweise. Sein Nutzer wird als Individuum respektiert, das vom geschützten Inneren aus zugleich Teil der Außenwelt bleibt. Der Mensch bleibt beweglich, frei in seinen Entscheidungen und transparent für andere.

Zu diesem physischen Erlebnis der ungehinderten Bewegungsmöglichkeit kommt die visuelle Überwältigung durch das Material. Der Fußboden besteht, wie die gesamte Plattform samt der sie begrenzenden Außenwände, aus glatt geschliffenem, strandhellem Travertin; er lässt an Italien denken, kommt aber aus dem thüringischen Bad Langensalza. Zu diesem ruhigen, Innen und Außen verbindenden Fonds kontrastieren auf das Erstaunlichste freistehenden Wände – eigentlich sind es schon Objekte – aus edlem Naturstein. Mit ihnen zitiert Mies ein historisches, vor allem aus Byzanz und Venedig bekanntes Dekorationsprinzip, bei dem Marmor mit seiner reizvollen Maserung durchgeschnitten, aufgeklappt und als großflächige Wandverkleidung verwendet wird. Im Barcelona-Pavillon finden wir diese Idee noch gesteigert; hier bestehen die Wände gleich vollständig aus kostbarem Serpentinit und Onyxmarmor. Eine so großzügige und konsequente Verwendung von Naturstein ist im Materialkanon der Moderne mit ihrer Vorliebe für weiße oder farbig gestrichene Wände eigentlich nicht vorgesehen. Wie kam man auf eine solche Idee? Mies entstammte einem Steinmetzhaushalt. Er hatte bei seinem Vater an der Aachener Dombauschule von der Pike auf das Steinmetzhandwerk erlernt und dabei eine Faszination für die Schönheit von Naturstein entwickelt, die zu einem seiner Markenzeichen wurde; es ist überliefert, dass er sich in den jeweiligen Steinbrüchen persönlich von der Qualität des

Rohprodukts überzeugte. Dass Ludwig Mies das Prinzip der Veredelung auch auf sich selbst anwandte, ist bekannt: Seinem – zugegebenermaßen wenig karrieretauglichen – Nachnamen hängte er den seiner Mutter Rohe an und schuf mit »van der« eine zwar niederländisch konnotierte, aber deutlich nobilitierende Verbindung.

Hier in Barcelona brachte Mies den Naturstein durch einen maximalen Kontrast besonders gut zur Geltung – durch die Kreuzstützen aus Chromstahl nämlich, die das wie lose aufgelegte Dach tragen. Diese Stützen hat er 1929 für den Pavillon selbst entwickelt, und wie der Naturstein wurden sie zu einem Markenzeichen. Die Kreuzstütze wurde zum Kronzeugen für das radikale Neudenken, das Mies van der Rohe einen vorderen Platz in der Heldengalerie der Avantgarde gesichert hat – denn sie entspricht nicht nur funktionalen, sondern zugleich auch ästhetischen Ansprüchen. Am Anfang ihrer Ahnenreihe steht, gedanklich, der antike Tempelpfeiler – der hier jedoch so weit seines Materials entkleidet ist, dass er optisch fast verschwindet. Masse wandelt sich – der Stahl macht es möglich – zur Negativform. Dieser Dematerialisierungseffekt wird noch verstärkt durch die Ummantelung des Stahls mit einer spiegelnden Chromhaut, die bewirkt, dass der Pfeiler selbst visuell in seiner Umgebung aufgeht. Zum Teil unmittelbar vor den massiven Natursteinwänden platziert, transportieren die Stützen so eine wichtige Nachricht in subkutane Wahrnehmungsregionen des Besuchers: Die Zukunft der Architektur liegt in der Skelettbauweise, die es erlaubt, einen Grundriss völlig frei zu gestalten. Hier in Barcelona hatte Mies die Möglichkeit, auch den Außenbereich so einzubeziehen, dass sich in ihm das freie Spiel der Kräfte fortsetzt. Große Wasserbecken und langgezogene Wände antworten auf das Volumen des Baukörpers. Betrachtet man den Pavillon aus der Vogelschau, erkennt man, dass Mies wie ein konstruktivistischer Maler, wie Malewitsch oder wie Mondrian, aus Gegensätzen ein dynamisches Gleichgewicht komponiert hat. Masse und Transparenz, Linie und Fläche, Vertikales und Horizontales, Flüssiges und Festes, Mattes und Glänzendes sind mit einer staunenswerten Präzision so austariert, dass sie sich zu einem Gesamtkunstwerk zusammenfügen. Mies ist es damit gelungen, der antiken Vorstellung von Harmonie als geistiger Ordnungskraft des Kosmos ein modernes Gesicht zu verleihen. »Das Widerstreitende«, so hat es schon der griechische Philosophen Heraklit formuliert, »ist vorteilhaft, und aus dem Wesensverschiedenen erwächst die schönste Harmonie, wie eben alles aus Gegensätzlichem entsteht.«[*]

Die Wahrnehmung des Gebäudes als einer zweckfreien Hymne an die Schönheit und die Freiheit wird, eigentlich paradox, durch die Möbel noch verstärkt. Der Pavillon simulierte keine Alltagssituation, und er präsentierte keine Produkte. Seine einzige Aufgabe bestand darin, dem feierlichen Eröffnungsempfang unter Anwesenheit deutscher Regierungsvertreter und des spanischen Königspaares einen angemessenen Rahmen zu verleihen. Auch beim Entwurf der Möbel standen weniger Aspekte der Zweckmäßigkeit und Bequemlichkeit als solche der Repräsentation im Vordergrund. Die beiden Sessel sollten König Alfonso XIII. und der aus deutsch-britischer Familie stammenden Königin Victoria Eugénie als temporäre Sitzgelegenheit dienen. Ergänzt wurden sie durch einen Glastisch und Hocker für die Gäste von niedrigerem Rang. Ein langer, purpurroter Vorhang ergänzt das Ensemble zu einem »Raum im Raum«: geistreiche Anspielung auf die nobilitierende Verwendung von Stoffdraperien auf den Fürstenporträts früherer Zeiten. Trotz seiner royalen Abkunft hat sich der »Barcelona-Chair« zu einem Klassiker entwickelt, der auch fast hundert Jahre nach seiner Erfindung nichts von seiner Aura absoluter Zeitgenossenschaft eingebüßt hat. Wer einmal in ihm gesessen hat, weiß: Es geht auch bequemer. Anatomisch macht dieser Sessel vieles falsch. Aber ästhetisch verbindet er die Eleganz des gebogenen Chromstahls mit der Gediegenheit eines englischen Chesterfield-Sofas.

Damit wären wir wieder bei der Frage aller Fragen: Wer hat diesen Luxusbau bezahlt, und welche Ziele verband der Auftraggeber mit dieser Investition? Initiator des deutschen Pavillons war die Regierung der Weimarer Republik – die erste parlamentarische Demokratie auf deutschem Boden. Nach mühsamer Bewältigung der katastrophalen Nachwehen des

[*] Heraklit, zit. nach: Naredi-Rainer 1982, 12

Ersten Weltkriegs war man Mitte der zwanziger Jahre in ein ruhigeres Fahrwasser gelangt. Größere wirtschaftliche Stabilität ging mit einer wachsenden internationalen Anerkennung einher, die sich weitgehend den Bemühungen Außenminister Gustav Stresemanns verdankte. Stresemann hatte erkannt, dass die Zukunft seines Landes nur in einem vereinten Europa liegen konnte. Mit den Verträgen von Locarno war es ihm 1925 gelungen, Deutschlands außenpolitische Isolation zu überwinden. Gemeinsam mit dem französischen Außenminister Aristide Briand hatte er 1926 dafür den Friedensnobelpreis erhalten. Mit der Weltausstellung in Barcelona erhielt die Weimarer Republik die Chance, dieses neue Deutschland auf internationaler Ebene vorzustellen. Mies' Entwurf erfüllte diese Aufgabe auf das Überzeugendste. Er stand für die Innovationskraft Deutschlands, für die Leistungsfähigkeit des deutschen Handwerks und der deutschen Industrie – aber er verzichtete in toto auf nationale Anspielungen. Er verkörperte die Politik der Verständigung und des Ausgleichs, er präsentierte sich transparent, offen und dynamisch. Der deutsche Pavillon schuf keine Grenzen, sondern zeigte Wege zu ihrer Überwindung. Zu diesem Programm gehörte auch die im Wasserbecken des Innenhofs platzierte Skulptur. Ihr Schöpfer war der Berliner, wie Mies den Idealen der Weimarer Republik verpflichtete, hoch erfolgreiche Bildhauer Georg Kolbe. Sein Werk, das den Titel »Der Morgen« trägt, ist durch eine Figur von Rodin – das »Eherne Zeitalter« – inspiriert. Die sich rekelnde Frauenfigur ist hier als Metapher des Aufbruchs, des Neubeginns gemeint. Sie öffnet sich in eine unbestimmte, durch keine ideologischen Vorgaben beschwerte Zukunft.

Die »Weimarer« Phase der deutschen Geschichte währte, wie wir alle wissen, nur einen kurzen, lichten Augenblick. Die Nationalsozialisten drehten das Rad zurück. Sie bekämpften das Flachdach und mit ihm die internationale Architektur, sie schlossen 1930 das Bauhaus, das Mies kurz zuvor zu seinem Direktor berufen hatte. Dieser verfolgte eine Zeit lang einen prekären Weg der Anpassung, die auch die Mitarbeit an der 1934 veranstalteten Leistungsschau »Deutsches Volk – Deutsche Arbeit« einschloss. Aber als der »Kulturbeauftragte des Führers Alfred Rosenberg« 1938 versuchte, ihn für eine engere Mitarbeit zu gewinnen (Mies sollte die Architektur-Entwürfe Hitlers unter seinem Namen veröffentlichen), floh er Hals über Kopf in die Niederlande und emigrierte von dort in die USA, wo er fortan in Chicago lebte. Die politische Aufbruchsstimmung der »Weimarer« Jahre hatte sich als Utopie erwiesen.

Die Frage aber, welche Art Architektur dem modernen Leben, dem modernen Menschen und dem modernen Deutschland angemessen sei, hatte Mies mit der eleganten Geste des Barcelona-Pavillons beantwortet. Ihr Impuls hat die offizielle Baukunst der Bundesrepublik mitgeschaffen – Stichwort Kanzlerbungalow – und wirkt sich bis in unsere Gegenwart aus. »Panta rhei«, wie es Heraklit formuliert hat: Gemeint hat der Philosoph die Einheit aller Dinge: »Verbindungen; Ganzes und Nichtganzes, Zusammengehendes und Auseinanderstrebendes, Einklang und Missklang und aus Allem Eins und aus Einem Alles.«[*] Alles fließt.

FRITZ NEUMEYER
MIES VAN DER ROHE, DAS KUNSTLOSE WORT
Gedanken zur Baukunst

Baukunst ist mir nicht Gegenstand geistreicher Spekulationen. Von Theorien und bestimmten Systemen verspreche ich mir nichts. Nichts aber auch von einer ästhetischen Haltung, die nur die Oberfläche berührt. Baukunst ist nur von einem geistigen Zentrum aus aufzuschließen und nur als Lebensvorgang zu begreifen.

Baukunst ist die räumliche Auseinandersetzung des Menschen mit seiner Umwelt und der Ausdruck dafür, wie er sich darin behauptet und wie er sie zu meistern versteht. Deshalb ist Baukunst nicht nur ein technisches Problem, ein Problem der Organisation und der Wirtschaft. Baukunst ist in Wahrheit immer der räumliche Vollzug geistiger Entscheidungen. Sie ist an ihre Zeit gebunden und kann nur an lebendigen Aufgaben und durch die Mittel ihrer Zeit manifestiert werden. […]

Chaos ist immer Zeichen einer Anarchie. Anarchie ist immer eine Bewegung ohne Ordnung. Bewegung ohne zentrale Richtung. Schon einmal war Chaos. Als die Ordnung der Antike in der Spätantike zerbrach. Aber aus diesem Chaos bildete sich eine neue Ordnung, die Ordnung des Mittelalters. Im Anschluß an die platonische Ideenlehre hat Augustin die Grundidee der mittelalterlichen Weltanschauung gestaltet. In der Ordnungsidee des Mittelalters lebt, wenn auch in ganz neuen Dimensionen, jener Maßgeist, den Plato darstellte und begründete. Das edelste Erbe der Antike.

[*] Heraklit, zit. n. Capelle 1968, 132

LIEBESERKLÄRUNG AN DIE SECHZIGER

DER GROSSE KONZERT-SAAL DER BERLINER PHILHARMONIE

E s ist, als habe sich für einen kurzen Moment der Raum der un-
begrenzten Möglichkeiten aufgetan, und jemand habe genau
diesen Augenblick genutzt, um daraus ein Wunder hervorzuzie-
hen: einen Raum, in dem Musik und Architektur eins werden.
Dass zwischen Ton- und Baukunst eine innige Verwandtschaft besteht,
hatte schon Pythagoras erkannt – ihr gemeinsamer Nenner ist die Mathematik. Wenn nämlich die Längen schwingender Saiten in einfachen Zahlenverhältnissen zueinander stehen, erklingen sie in harmonischen Inter-
vallen. Ein Verhältnis von 1:2 etwa ergibt eine Oktave, ein Verhältnis von
2:3 eine Quinte. Das ganze Mittelalter hat über die Errichtung von Bauten nach solchen »harmonischen« Zahlenverhältnissen Räume buchstäb-
lich zum Klingen gebracht. Die Romantik hat daraus das wohlbekannte
Diktum »Architektur ist gefrorene Musik« entwickelt. Der Schöpfer der
Berliner Philharmonie, Hans Scharoun, ist dieser Idee gefolgt. Aber für
ihre Umsetzung entdeckte er einen anderen, viel direkteren Weg. Er hat
der Baukunst eine neue Richtung gewiesen.

Die Berliner Philharmonie zählt inzwischen zu den unumstrittenen
Fixsternen des Architekturhimmels. Das konnte man zum Zeitpunkt ihrer
Eröffnung im Jahr 1963 allerdings noch nicht ahnen. Vor allem die Au-
ßenansicht löste bei den meisten Betrachtern und Besuchern Verwirrung
und Missfallen aus. Aus heutiger Sicht ist das kein Wunder, hatte Scharoun doch alles darangesetzt, mit seinem Entwurf die Erwartungshal-
tungen eines bildungsbürgerlichen Publikums so gründlich wie möglich
zu enttäuschen. Alles ist anders an diesem Bau: Er hat keine eindeutige
Hauptfassade, keinen repräsentativen Eingang, keine klassischen Würdeformeln wie Säulen oder Giebel, keine Symmetrie. Und anstatt mit der
für Konzertbauten bis dahin üblichen »Schuhschachtelform« wurden die
Besucher mit einem prismatisch gebrochenen Zentralbau konfrontiert,
dessen schräge Wände und geschwungene Dachkonturen bestenfalls an

ein Zelt erinnerten. Die Berliner tauften das unübersichtliche Gebilde, in Anspielung auf seinen damaligen Chefdirigenten, »Zirkus Karajani«.

Schon von außen unkonventionell, wartete auch das Innere mit unorthodoxen Lösungen auf. Die Möglichkeit, zwischen längeren oder kürzeren Zuwegen zum Konzertsaal zu wählen, ließ Assoziationen an ein »Gänge-Labyrinth« aufkommen. Den eigentlichen Überraschungsangriff auf das Fassungsvermögen des ahnungslosen Musikfreundes aber deklarierte der Große Saal selbst. Statt in der gewohnten, geordneten Welt aus Parkett, Rängen, Orchestergraben und Podium fand sich der Besucher plötzlich in einer Art Arena. Die Musiker saßen in ihrer Mitte, während die Hörer auf ansteigenden Rängen um das Zentrum herum platziert waren. Keine bürgerlichen Repräsentationselemente wie Säulen und Pilaster, roter Samt und goldene Verzierungen verbreiteten hier mehr Gemütlichkeit. Stattdessen schossen prismatisch gebrochene Zuschauerblöcke dynamisch in das Innere vor. Ein goldenes Licht, das warme Leuchten natürlicher Oberflächen aus Kambala-Holz und Jura-Kalkstein erfüllte den Raum. Leuchten und Schallreflektoren schwebten wie Wölkchen frei im Luftraum. Die Decke wölbte sich nicht wie gewohnt nach oben, sondern hing nach unten durch.

Dass sich sowohl die Musiker als auch das Publikum mit diesem revolutionären Konzept erst einmal anfreunden mussten, liegt auf der Hand. Manche Zuschauer erlebten das Orchester nur von seiner Rückseite, schauten aber dafür dem Dirigenten ins Gesicht. Darüber hinaus war man als Besucher direkt den Blicken anderer ausgesetzt: Unauffälliges Wegdämmern in einer der hinteren Reihen war in diesem fast stützenfreie Konzertsaal nicht mehr möglich. Die Konzentration auf die Musik aber, so lobte der Chef der Berliner Philharmoniker Herbert von Karajan, konnte nirgends größer sein als hier. Keiner der mehr als 2.000 Plätze war weiter als 30 Meter vom Orchesterpodium entfernt. Was bisher säuberlich getrennt war – hier das Publikum, dort das Orchester –, wuchs in dieser Konstellation zu einer Gruppe zusammen, die Musik als glückliche Interaktion erlebte.

»Der Saal ist wie ein Tal gedacht, auf dessen Sohle sich das Orchester befindet, umringt von den ansteigenden Weinbergen«. Scharoun verstand sich als ein Vertreter der »organischen Architektur«. Der Begriff bezeichnete etwa seit der Wende vom 19. zum 20. Jahrhundert eine Alternative zu jener rational-geometrischen Stilrichtung, die wir heute als »klassische Moderne« kennen. Antoni Gaudí, Erich Mendelsohn, Frank

Lloyd Wright, Hugo Häring sowie Rudolf Steiner gehörten zu ihren Ahnherren. »Organisch« denkende Architekten machten nicht den abstrakten Stilwillen, sondern den Gestaltungsprozess der Natur zur Grundlage ihrer schöpferischen Arbeit. Formen sollten aus den Bedingungen ihrer Umgebung, ihrer Funktion »erwachsen« und diese nach außen kommunizieren. Architektur wurde von ihnen mit Begriffen wie Lebendigkeit, Natürlichkeit, Bewegung, Individualität in Verbindung gebracht. Dennoch beruht auch Scharouns Philharmonie auf einem geometrischen Bauplan – ihr Baukörper erhebt sich über einem Grundriss aus drei ineinander verschachtelten Fünfecken. Sie bilden noch heute das Logo der Berliner Philharmoniker. Drei – die Zahl steht in unserer christlich geprägten Kultur für die Trinität aus Vater, Sohn und Heiligem Geist. Auch für Scharoun hatte die Drei noch eine symbolische Bedeutung – er verstand sie als Zeichen für den Dreiklang »Mensch – Raum – Musik«. Obwohl man es von außen nicht sehen kann, besitzt der Konzertsaal doch eine grundsätzlich symmetrische Struktur. Das Podium liegt an der tiefsten Stelle und etwa dort, wo sich Längs- und Querachse schneiden. Aber es ist eben leicht aus der Mitte gerückt und wirkt damit nicht »wie konstruiert«, sondern eher »wie gewachsen«. Für die immense Herausforderung der akustischen Umsetzung seiner Raumidee hatte Scharoun den kongenialen Berliner Spezialisten Lothar Cremer gewonnen. Über ein raffiniertes, hochkomplexes System gestaffelter Rückwurfflächen gelang diesem das Kunststück, dass sich die Instrumentalisten untereinander optimal hören können und dass sich der Klang dennoch ausgewogen und präzise bis in die hinteren Reihen der Logen verteilt. Auch Grundriss und Dachformen sind zu großen Teilen durch akustische Überlegungen bestimmt. Die Gestalt der Philharmonie reflektiert damit unmittelbar die Schallereignisse in ihrem Inneren. Klang und seine Schwingungen, so lässt sich Scharouns architektonisches Bild interpretieren, bringt Mauern zum Wanken. Kunst besitzt das Potential einer Sprengkraft, die feste Gehäuse in dynamische Gehäuse verwandeln kann. Musik ist eine Energie, die physikalische Gesetze außer Kraft setzt. Vor diesem Hintergrund verwundert es nicht, dass aus dem Resonanzraum dieser kraftvollen Metapher mit den Berliner Philharmonikern einer der berühmtesten Klangkörper der Welt erwachsen ist.

Man würde jedoch dem Bau gründlich Unrecht tun, wenn man ihn als ein rein stilistisches Experiment interpretierte. Anders als heute vielfach üblich, erfüllt sich die Architektur der Philharmonie nicht in ihrer

Funktion als spektakuläres Zeichen, ist kein Selbstzweck. Scharouns Gebäude versteht sich als dienend. »Musik«, so hat er selbst seine Motivation erläutert, »sollte auch räumlich und optisch im Mittelpunkt stehen.« Alles andere habe sich ihr unterzuordnen. Seine bahnbrechende Raumidee hatte sich aus der Frage nach der Ur-Situation des Musizierens entwickelt. Was passiert, wenn irgendwo auf der Welt Menschen Klänge produzieren und andere diesen Klängen lauschen? Was steht am Anfang? »Es ist gewiß kein Zufall, daß Menschen sich heute wie zu alten Zeiten zu einem Kreis zusammenschließen, wenn irgendwo improvisiert Musik erklingt. Dieser ganz natürliche Vorgang, der von der psychologischen wie von der musikalischen Seite her jedem verständlich ist, müßte sich auch in einen Konzertsaal verlegen lassen – das war die entscheidende Überlegung.«

Es ist aus heutiger Perspektive gut zu erkennen, dass dieser völlige Neuansatz in der architektonischen Konzeption auch einen politischen und gesellschaftlichen Neubeginn markierte. So wie die Künstlergruppe »ZERO« ihre Arbeit der »Stunde null« widmete, so muss auch Scharouns Konzertsaal als Alternative zu einem kulturellen Wertegefüge gelesen werden, das die Katastrophe der NS-Herrschaft gestützt und getragen hatte. Hierarchische Strukturen sind hier in eine neue Lockerheit, Distanz in Nähe, Passivität in unmittelbare Teilnahme verwandelt; selbst die Ehrenloge ist aus der Mittelachse gerückt. Der Saal macht die Hörer zu Mit-Akteuren und gewinnt so die Kraft eines demokratischen Symbols. Im Außenbau löst das Äußere der Philharmonie – genau wie zur Zeit ihrer Erbauung – noch immer Befremden aus. Dazu trägt nicht nur die ungewohnte Verkleidung aus goldgelb eloxierten Aluminiumplatten bei, sondern auch ihre Lage auf einem mit anderen großen Kulturbauten wie zufällig möblierten, weitläufigen, zugigen Grundstück. Allzu leicht wird bei der immer wieder aufkeimenden, berechtigten Kritik an dem unglücklichen Provisorium Kulturforum vergessen, dass dieses bis heute eine schwere Last zu bewältigen hat: Das im Wesentlichen von jüdischen Familien bewohnte Gelände spielte eine wesentliche Rolle in Albert Speers Entwürfen für eine »Reichshauptstadt Germania«. Für die Anlage einer gigantischen Nord-Süd-Achse von 160 Metern Breite und eines ebenso weit überdimensionierten »Runden Platzes« hatte Speer durch Enteignungen und Abrisse in großem Stil Leerflächen erzeugt und mit der Errichtung von angrenzenden Großbauten begonnen. Nach dem Krieg – dessen Zerstörungskraft ein Übriges getan hatte – bestand zumindest in der Westhälfte Deutschlands politischer Konsens darin, jede Spur der NS-Vergangenheit auszulöschen. Scharoun überzeugte den Senat, damals geführt vom Regierenden Bürgermeister Willy Brandt, die zentral gelegene Brache für seine Vision einer modernen Stadt zu nutzen: Er hatte schon in den zwanziger Jahren von einer »Stadtkrone« geträumt, die, ganz wie die Kathedralen der Vergangenheit, als weithin leuchtendes Zeichen für gesellschaftliche Erneuerung durch gemeinschaftliches Handeln dienen sollte. Die Philharmonie lag in der Mitte der Stadt und sollte Besuchern aus dem Westen ebenso leicht zugänglich sein wie jenen aus dem Ostteil der Stadt; ihr Haupteingang war zum Tiergarten hin gerichtet. Doch zum Zeitpunkt ihrer Eröffnung stand bereits die Mauer. Scharouns Konzertgebäude fand sich an den äußersten Rand des eingemauerten Westteils gedrängt. Erst seit der Wiedervereinigung kommen die Besucher wieder aus Richtung Potsdamer Platz – und fragen sich, warum der Bau »verkehrt herum« liegt.

Wenn man sich auf die Besonderheit der Architektur einlässt, kann man sie, so beschreibt es Max Frisch, wie ein Stück Landschaft erleben: »… wir gingen und gingen … ich fühlte mich geführt wie in einem Labyrinth, – geführt, nicht verloren – geführt vom Geiste dieses Gebildes selbst. Mit Labyrinth meine ich, daß es sich für mich, wie genau ich mich auch umsehe, nie rationalisiert, so wenig wie eine lebendige Landschaft sich rationalisiert … Geführt von der Lust, die sich bietet. Nie vergewaltigt … nur auf betörende Weise geführt von den Einfällen des Architekten … dieser Raum ist eine der großen Schöpfungen unseres Jahrhunderts, neu, unvergleichlich, nur seiner Wirkung nach vergleichbar mit den schönsten Räumen, die irgendwann und irgendwo geschaffen worden sind.« Zahlreiche Konzertbauten in aller Welt, von Jørn Utzons Sidney Opera House bis hin zu Frank Gehrys Walt Disney Concert Hall in Los Angeles, haben sich von Scharouns großartigem Entwurf inspirieren lassen. Das deutlichste Echo auf die Philharmonie aber schallt seit kurzem ganz aus der Nähe herüber: Die Hamburger Elbphilharmonie von Herzog & de Meuron vollzieht mit ihrer gezackten Silhouette und einem Saal, der wie der Berliner nach dem »Weinberg«-Prinzip organisiert ist, vor dem großen Vorbild eine tiefe Verbeugung.

HANNS-JOSEF ORTHEIL
DIE BERLINREISE

Das Konzert in der Philharmonie begann um 20 Uhr, aber wir waren schon gegen 18 Uhr dort und gingen dann zunächst um das neue Gebäude herum und schauten uns an, was daran alles sehr merkwürdig war. Merkwürdig war als Erstes das Dach der Philharmonie, denn dieses Dach bestand aus mehreren Segeln, die sich nach verschiedenen Seiten blähten. Das Dach sah dadurch aus wie das Dach eines Zirkuszeltes, in der Mitte ganz spitz und hoch, nach den Seiten flattrig. Ging man um das Gebäude herum, sah man immer ein anderes Segel des Dachs, so dass man sich nicht genau vorstellen konnte, wie das Gesamtdach eigentlich aussah.

Merkwürdig war als Nächstes, dass es in den Wänden fast keine Fenster gab. Auch die Wände waren auf allen Seiten unterschiedlich groß, mal höher, mal niedriger (und niemals rechtwinklig), mal eingeknickt, mal vorgewölbt, so dass man auch hier nicht wissen konnte, aus wie viel einzelnen Wänden denn die Philharmonie eigentlich bestand. Man konnte immer wieder herumgehen, es nutzte nichts. Denn während man ging, bekam man nicht mehr zusammen, was man gerade noch gesehen hatte. Man konnte sich die Philharmonie einfach nicht merken, soviel man auch ging und ging, und so gaben wir das Herumgehen auf und gingen durch den niedrigen, ziemlich unauffälligen Eingang hinein.

Als wir aber im Inneren der Philharmonie waren, habe ich sehr gestaunt, denn ich hatte noch nie einen so schönen Konzertsaal gesehen. Auch diesen Konzertsaal konnte man sich als Ganzes nicht merken, aber er war noch ziemlich leer, und so gingen Papa und ich auch hier durch das ganze Innere, immer wieder herum und hinauf und hinab. Die Sitzreihen verliefen rund um die große Bühne (auch hinter der Bühne gab es Sitzreihen), und sie stiegen dann von der Bühne aus ganz unregelmäßig wie Strahlen nach oben hin zu den dunklen Wänden. Manche Sitzreihen schwebten aber auch wie breite Logen an die Bühne heran, aber alles war sehr unregelmäßig, so dass man auch das Innere nicht richtig als Ganzes überblicken konnte. Der Saal war sehr hoch, und an der Decke gab es viele kleine Lichter, und das Ganze sah aus wie ein großes Festzelt aus hellbraunem Holz, alles hellbraun und sonst keine anderen Farben.

Das Schönste aber war, dass es nirgends Pfeiler und Stützen und Bögen und Durchgänge gab, so dass man überall sitzen konnte, ohne dass solche störenden Teile im Weg gewesen wären. Der Saal war also hoch und weit und doch federleicht, und Papa sagte, der Saal atme tief und befreit durch, und das sei nun wirklich ein Meisterwerk des »Neuen Bauens«. Er setzte sich dann auch an diesen und jenen Platz und zeichnete mit dem Bleistift auf ein paar losen Zetteln, die er in der Tasche hatte, die Sicht auf die Bühne. Ich habe mich neben ihn gesetzt und notiert, was mir auffiel, und so haben wir beide das »Neue Bauen« studiert (das mir jetzt viel besser gefiel als im Fall der Kaiser-Wilhelm-Gedächtniskirche).

ZELT AUS BETON UND LICHT
DIE BRUDER-KLAUS-FELDKAPELLE,
MECHERNICH-WACHENDORF

bitte unsere
schließen
Danke

Was spricht eigentlich dafür, dieser seltsamen Betonhülle das Prädikat »vollkommen« zu verleihen? Sie ist weitgehend unbekannt, sie liegt abseits von den Zentren der kulturellen Produktion, und sie entfaltet im Außenbau den unspektakulären Charme eines Getreidesilos. Gewidmet ist der winzige Sakralbau zudem einem hierzulande weniger populären Heiligen, Bruder Klaus. Wer die Bruder-Klaus-Kapelle besuchen möchte, muss eine umständliche Anreise über Bonn und Euskirchen sowie einen längeren Fußweg über freies Feld in Kauf nehmen. Ein schwieriges Ziel für den internationalen Architektur-Jetset! Da ist es schon eher der Name ihres Schöpfers, der aufhorchen lässt: Entworfen hat den Bau der Schweizer Architekt Peter Zumthor. Er ist mit so unterschiedlichen Bauwerken wie dem Kunsthaus in Bregenz, der Therme in Vals und zuletzt dem Kolumba-Museum in Köln berühmt geworden – auch wenn die Negativ-Schlagzeilen, die sein gescheitertes Projekt für die »Topographie des Terrors« in Berlin verursacht hat, ebenfalls unvergessen sind. Zumthor ist ein zur Kompromisslosigkeit neigender Perfektionist, dessen Ansprüche sich nicht im Rahmen jedes Bauauftrags verwirklichen lassen. Hier, im abgelegenen Eifelort Wachendorf, haben es ihm die außergewöhnlichen Umstände erlaubt, ein Experiment zu wagen. Herausgekommen ist etwas Einzigartiges: eine wahnwitzige Kreuzung aus Wigwam und Andachtshöhle.

Eine Architektur zum Anfassen – Riechen – Sehen – Hören – Fühlen: Der monolithisch wirkende Außenbau wirkt zwar auf den ersten Blick alles andere als einladend. Aber schon beim Herumgehen überrascht der vermeintlich simple Quader mit einer spitz zulaufenden, diamantförmigen Rückseite. Eine in die Wand integrierte Bank lädt den Pilger zum Ausruhen ein. Auf der Schwelle zwischen Außen und Innen spürt man die Schwere der Eingangstür aus glattem, kühlem Stahl, die hinter einem mit dem satten Schmatzen einer Tresortür einrastet. Danach wird es eng und düster. Wände aus rauen schwärzlichen Betonfurchen kommen dem eigenen Körper unangenehm nahe. Aber dann: Nur wenige Schritte über einen unebenen Boden, und man ist endlich angekommen – an einem Ort, wie man ihn noch nicht gesehen hat. Der Raum ist klein – vielleicht passen zehn Personen hinein. Aber er besitzt eine unmittelbare Sinnlichkeit, die ihn von allen anderen in diesem Buch präsentierten unterscheidet.

Der Raum erinnert an eine Höhle, ein Zelt, ein Tipi – an archaische Behausungen weit vor jener Zeit, in der man sich über Proportionen und Oberflächen Gedanken machte – oder aus einer Kultur, die mit der Ästhetik unserer Zivilisation nicht in Berührung gekommen ist.

Seine Wände bestehen aus gefurchtem Beton. Wie ein Zelt aus schwerem Textil ziehen sie sich in 12 Meter Höhe zusammen – aber eben nicht ganz. Ganz oben bleibt eine Lücke. Wie im Pantheon ist sie unverglast. Von hier kommt das Licht. Es überstrahlt die unregelmäßigen Konturen der Öffnung so, dass man ihre konkrete Form nicht erkennen kann. Sachte fließt es an der Wand herunter und hebt auf seinem Weg deren karstige Strukturen hervor, macht ihre rauen Grate noch deutlicher, das Relief noch nachvollziehbarer. In unregelmäßigen Abständen leuchten in dieser wie von einem fernen isländischen Meeresstrand abgeformten Struktur Perlen auf: unregelmäßig geformte, mundgeblasene Glaspfropfen. Mit ihnen hat man die für die Holzschalung notwendigen ca. 300 Gerüstlöcher verstopft.

Mehr Natur geht nicht – wenn man nicht gleich ein Holzhaus bauen will. Zumthor ließ für seine Kapelle im nahegelegenen Bad Münstereifel 112 Fichtenstämme fällen. Über einer Betonplatte setzte er sie zu einer kegelförmigen Konstruktion zusammen. Als Nächstes kam ein ebenso aus Materialien der Region zusammengesetztes Gemisch aus Flusskies, Sand und Zement zum Einsatz – und eine »Stampfmannschaft«, die mit ihren Füßen in vierundzwanzig Tagewerken Schicht auf Schicht ein kubisches Bauwerk errichtete. Es umgibt das »Zelt« so, dass dieses von außen nicht zu sehen ist, was den Höhlencharakter des Raums noch verstärkt. Dann wurde ein Feuer angezündet und damit eine Technik angewendet, die Menschen seit Jahrtausenden zur Herstellung von Holzkohle verwendet haben. Das Feuer brannte, immer wieder kontrolliert, drei Wochen lang. Es trocknete die Holzstämme, die man nun leicht vom Beton lösen und durch die obere Öffnung herausziehen konnte. Ihre von der Natur erzeugten Formen sind an den Wänden als Relief erhalten – ebenso wie der Ruß in Gestalt schwärzlicher Verfärbungen Spuren hinterlassen hat. Sogar der Geruch des Feuers schwebt noch im Raum. Wie Tropfen leuchten in dieser rauen Wandoberfläche die Glasstopfen auf, deren wechselnde Helligkeit den Lauf der Sonne und ihre Intensität reflektiert. Auch für den Fußboden entwickelte Zumthor eine originelle Lösung: Er besteht aus Zinnblei, das an Ort und Stelle erhitzt und dann von Hand mit dem Schöpflöffel auf dem Boden verteilt wurde. Sein unregelmäßiges Relief bildet die zufälligen Vertiefungen und Erhebungen des Untergrundes getreu ab. Der Zinnblei-Boden verhindert, dass man bei feuchtem Wetter im Matsch versinkt – aber er eignet sich auch dazu, den Dialog mit der Natur auf einer anderen Ebene weiterzuführen: als Reflex. Wenn es regnet, bildet sich unter der Deckenöffnung eine Pfütze, in der sich die – hier klar zu erkennende – Lichtöffnung auf eine magische Weise spiegelt.

Die Geschichte dieser Kapelle ist fast so spannend wie der Bau selbst: Auftraggeber war nicht die offizielle Kirche, sondern ein Privatmann, der Bauer Hermann-Josef Scheidtweiler. Schon länger verspürte dieser den Wunsch, sich durch ein deutliches Zeichen für ein gutes und erfülltes Leben zu bedanken. Viele Jahre hatte er sich in der katholischen Landjugendbewegung engagiert. Deren Schutzpatron war der heilige Nikolaus von Flüe. Nikolaus, auch »Bruder Klaus« genannt, hatte im 15. Jahrhundert als Einsiedler im schweizerischen Kanton Obwalden gelebt; er gilt noch heute als eine Art »Nationalheiliger« selbst auch der reformierten Schweiz. Im Zuge der Errichtung des Kölner Diözesan-Museums Kolumba berichteten die Medien auch über dessen Erbauer Peter Zumthor. Scheidtweiler schickte dem vielbeschäftigten Architekten einen handgeschriebenen Brief mit der Frage, ob er gewillt sei, ihm für diese Kapelle zu Ehren des heiligen Nikolaus von Flüe eine Skizze zu machen. Überraschend willigte Zumthor ein – er war mit der Geschichte des Bruders Klaus wohlvertraut, den auch seine Mutter sehr verehrt hatte. Eine Bedingung stellte er: Alles in diesem kleinen Bau, von der großen Form bis zum kleinsten Nagel, müsse durch ihn selbst bestimmt werden. Es gingen einige Jahre ins Land, in denen die Familie Scheidtweiler schon fast die Hoffnung aufgab – aber letztendlich siegte Zumthors eigene Begeisterung für diese Möglichkeit, einen sinnstiftenden Bau in moderner Gestalt zu entwerfen. Dass dieser tatsächlich ganz aus zeitgenössischer Sicht konzipiert ist, beweist der kompromisslos kubische, in seinen Proportionen an ein Sechziger-Jahre-Hochhaus erinnernde Außenbau. Im Mai 2007 war die Bruder-Klaus-Kapelle – »gebaut zum Lobe Gottes und der Erde« – fertig.

Die Natur also spielt eine große Rolle. Daneben verweisen sparsame, aber deutliche Zeichen auf religiöse Inhalte. Zu ihnen gehört vor allem die auffällige Tür aus poliertem Edelstahl, deren Glätte und Kühle einen starken Kontrast bilden zu der sonst organischen Materialität des Baus. Ihre Dreieck-Form symbolisiert die Trinität aus Gottvater, Sohn und Heiligem Geist und damit ein Thema, mit dem sich Nikolaus von Flüe intensiv auseinandergesetzt hat. Das Dreiermotiv kehrt im Inneren in Gestalt eines Radzeichens aus vergoldetem Messingguss wieder, dessen Urbild Bruder Klaus in seiner Einsiedelei als Meditationsobjekt diente. Eine bronzene Büste aus der Hand des Schweizer Bildhauers Hans Josephson, in die eine Reliquie des Heiligen eingelassen wurde, und ein einfacher Kerzenständer bilden die ganze Ausstattung. Von Bruder Klaus ist überliefert, dass er – erfolgreicher Bauer, Landespolitiker und Vater einer vielköpfigen Familie – 1467, von Visionen und Depressionen getrieben, beschloss, sein Leben zu verändern. Im Alter von 52 Jahren verließ er Haus und Hof zugunsten einer nahegelegenen Klause, um sich dort ausschließlich dem Gebet zu widmen. Das Einverständnis seiner Frau hatte er allerdings vorher eingeholt … Dann begann er zu fasten. Schon zu Lebzeiten galt er, der wunderbarerweise fast zwanzig Jahre lang weder gegessen noch getrunken haben soll, als Heiliger. Der Eremit wurde zum Mystiker und zugleich zum lebensnahen Vermittler in Konflikten. Bald baute man ihm eine kleine Kapelle. 1481 gelang es Bruder Klaus, die zerstrittenen eidgenössischen Stände zum friedlichen Miteinander zu bewegen – eine historische Großtat, die im nationalen Gedächtnis der Schweiz lebendig geblieben ist. Sogar der Mailänder Herzog Ludovico Sforza soll sich damals über einen Gesandten an ihn um Rat gewandt haben.

Es heißt, dass Bruder Klaus als Einsiedler so radikal auf alle Annehmlichkeiten der Zivilisation verzichtet hat, dass ihm ein Stein als Kopfkissen genügte. Seine karge Behausung diente als reine Hülle für die Abenteuer des Geistes und der Seele. Zwar geht Zumthor in seinem Entwurf von der historischen Situation aus, aber er erschafft keinen Disneyland-Nachbau einer Einsiedlerklause, sondern konzentriert sich auf das Wesentliche. Außen eine stereometrische Form, innen ein Zelt, umgibt sie wie eine grobe Kutte den Körper – Heimstatt für einen Wahrheitssucher, Zufluchtsort für jemanden, dem die Abschottung von der Außen-

DIE DECKENÖFFNUNG

welt wichtig ist. Sie ermöglicht Konzentration auf anderes. Hier ist es das Licht, diese in allen Kulturen verehrte Erscheinungsform des Göttlichen, das eine Einladung ausspricht. Einmal ungefiltert und als Strom, einmal verschleiert und in Gestalt unzähliger leuchtender Punkte lädt es den Raum zwar mit einer spirituellen Botschaft auf, verkündet diese jedoch nicht als Dogma. Peter Zumthor ist es mit dieser von Le Corbusiers großartiger Kirche in Ronchamp inspirierten Höhle gelungen, konkrete Religiösität so zu interpretieren, dass sie Freiheit lässt für anderes und andere. Sein Andachtsraum balanciert genau auf der Grenze zwischen Katholizismus und Sinnsuche, zwischen archaischer Vorzeit und heute: ein Gotteshaus, ein Schutzraum, eine gebaute Möglichkeitsform, die alles sagt, aber auch alles offenlässt.

PETER ZUMTHOR
ARCHITEKTUR DENKEN
In den Raum geschrieben

Geometrie lehrt die Gesetzmäßigkeit der Linien, Flächen und Körper im Raum. Geometrie kann uns helfen zu verstehen, wie wir in der Architektur mit dem Raum umgehen können.

Die Architektur kennt zwei grundsätzliche Möglichkeiten der Raumbildung: den geschlossenen Körper, der in seinem Innern Raum isoliert, und den offenen Körper, der einen mit dem unendlichen Kontinuum verbundenen Raumteil umschließt. Die Ausdehnung des Raumes kann durch offen in die Tiefe des Raumes gesetzte oder gereihte Körper wie Platten oder Stäbe sichtbar gemacht werden.

Ich nehme nicht in Anspruch zu wissen, was Raum wirklich ist. Je länger ich über das Wesen des Raumes nachdenke, desto geheimnisvoller erscheint er mir. Eines jedoch weiß ich bestimmt: Wenn wir uns als Architekten mit dem Raum beschäftigen, dann befassen wir uns lediglich mit einem kleinen Teil dieser Unendlichkeit, die die Erde umgibt. Aber jedes Bauwerk bezeichnet einen Ort in dieser Unendlichkeit.

Mit dieser Vorstellung zeichne ich die ersten Grundrisse und Schnitte meiner Entwürfe. Ich zeichne räumliche Diagramme und einfache Körper. Ich versuche, die erdachten Körper als präzise Objekte im

Raum zu sehen, und es ist mir wichtig zu spüren, wie sie aus dem Raum, der sie umgibt, einen Innenraum ausgrenzen oder wie sie das unendliche Raumkontinuum in der Art eines offenen Gefäßes einfangen.

Gebäude, die uns beeindrucken, vermitteln uns immer ein starkes Gefühl für ihren Raum. Sie umschließen diese geheimnisvolle Leere, die wir Raum nennen, auf eine besondere Weise und bringen sie zum Schwingen.

AUSGEWÄHLTE LITERATUR

SCHAROUN, HANS
Ausstellungskatalog Berlin,
Akademie der Künste.
Berlin [s. n.] 1967.

BADSTÜBNER, ERNST
u.a.: Christliche Ikonographie
in Stichworten. München, Berlin
(Koehler und Amelang) 1988.

BRAUNFELS, WOLFGANG
François Cuvilliés. Der Baumeister
der galanten Architektur des
Rokoko. München (Süddeutscher
Verlag) 1986.

BREDEKAMP, HORST
Der schwimmende Souverän.
Karl der Große und die Bildpolitik
des Körpers. Berlin (Wagenbach)
2014.

CAPELLE, WILHELM
Die Vorsokratiker – Die Fragmente
und Quellenberichte. Stuttgart
(Alfred Kröner) 1968.

CHAMPIGNEULLE, BERNARD
Paris – ein Führer.
München (Prestel) 1982.

FRIED, JOHANNES
Karl der Große – Gewalt und
Glaube. Eine Biografie.
München (C. H. Beck) 2013.

**HOH-SLODCZYK, CHRISTINE
(U. A.)**
Hans Scharoun, Architekt in
Deutschland 1893–1972.
München (C. H. Beck) 1992.

HUNT, PATRICK
Pantheon. In: Encyclopedia of
the Ancient World. Ipswich (Mass.),
(Salem Press) 2002.

KIMPEL, DIETER
Paris. Führer durch die Stadt-
baugeschichte.
München (Hirmer) 1982.

**LANDSCHAFTSVERBAND
RHEINLAND (U. A.)**
Die karolingische Pfalzkapelle in
Aachen: Material – Bautechnik –
Restaurierung (Arbeitsheft der
rheinischen Denkmalpflege).
Worms (Wernersche Verlagsgesell-
schaft) 2012.

MICHELS, KAREN
Aby Warburg – Im Bannkreis der
Ideen. München (C. H. Beck) 2007.

NAREDI-RAINER, PAUL VON
Architektur und Harmonie:
Zahl, Maß und Proportion in der
abendländischen Baukunst.
Köln (Dumont) 1982.

PFANNKUCH, PETER (HG.)
Hans Scharoun. Bauten,
Entwürfe, Texte (Schriftenreihe
der Akademie der Künste; Bd. 10).
Berlin [s. n.] 1974.

SCHEJA, GEORG
Hagia Sophia und Templum Salo-
monis. In: Deutsches Archäolo-
gisches Institut, Abteilung Istanbul,
Istanbuler Mitteilungen 12 (1962).
Tübingen (Wasmuth) 1963,
S. 44–58.

STICHEL, RUDOLF W. H.
Die Kuppel an der »goldenen Kette«:
Zur Interpretation der Hagia Sophia
in Konstantinopel. In: Almanach
Architektur 1998–2002: Lehre
und Forschung an der Technischen
Universität Darmstadt. Tübingen
(Wasmuth) 2003, S. 244–251.

**VON STOCKHAUSEN,
TILMANN**
Die Kulturwissenschaftliche
Bibliothek Warburg. Architektur,
Einrichtung und Organisation.
Hamburg (Dölling & Galitz) 1992.

TREML, MARTIN (U. A. HGG.)
Warburgs Denkraum.
Formen, Motive, Materialien.
München (Fink) 2014.

WILLIAM TRONZO
The Cultures of his Kingdom.
Roger II. and the Cappella Palatina
in Palermo. Princeton (Princeton
University Press) 1997.

LITERARISCHE TEXTE

Marguerite Yourcenar:
Ich zähmte die Wölfin
München (MANESSE) 1982 (1961),
S. 134–136.

Einhard: Vita Karoli Magni
Stuttgart (Reclam) 1995, S. 51.

Paulos Silentarios:
Die Lichter der Hagia Sophia
Beschreibung der Hagia Sophia,
vorgetragen am 6. Januar 563,
zit. n. Stéphane Yerasimos:
Konstantinopel. Istanbuls historisches Erbe. (Tandem) 2007, S. 54.

Guy de Maupassant: Sizilien
Palermo (Sellerio) 1990, S. 27–29.

Washington Irving:
Erzählungen von der Alhambra.
Die Alhambra.
München 1999 (1832) (Sánchez),
S. 52–53

Otto von Simson:
Über das Licht
Die gotische Kathedrale. Beiträge
zu ihrer Entstehung und Bedeu-
tung. Darmstadt (Wissenschaftliche
Buchgesellschaft) 1968, S. 78–80.

Leon Battista Alberti:
Zehn Bücher über Baukunst
Der Text entstand 1443/1452.
Darmstadt (Wissenschaftliche
Buchgesellschaft) 1991,
S. 491–492.

Sultan Murad III.:
Öffne dein Aug …
Das Gedicht stammt von Sultan
Murad III., als Dichter »Muradi«
genannt. Es wurde übersetzt von
Prof. Annemarie Schimmel (Enzy-
klopädie des Islam, www.eslam.de).

Arne Karsten: Bernini
München (C. H. Beck) 2006,
S. 210–213.

Jean-François de Bastide:
La Petite Maison
In: Winfried Nerdinger (u. a. Hgg.):
Architektur wie sie im Buche
steht. Fiktive Bauten und Städte
in der Literatur. (Es handelt sich
um die Beschreibung einer fiktiven
»maison de plaisance«, die sich
u. a. auf Entwürfe Jacques-Fran-
çois Blondels bezieht; bei ihm war
François Cuvilliés in die Lehre
gegangen.) Salzburg (Pustet) 2006,
S. 234–236.

Kurt Tucholsky:
Place des Vosges
In: Die Weltbühne (Weltbühne)
17.7.1924, Nr. 29, S. 102.

Aby Warburg:
Rede vor dem Kuratorium
In: Dieter Wuttke (Hg.):
Aby M. Warburg. Ausgewählte
Schriften und Würdigungen.
Baden-Baden (Koerner) 1980,
S. 307 f. (Saecula Spiritalia 1).

Fritz Neumeyer:
Mies van der Rohe
Vortrag, gehalten Ende Februar
1928 in der Staatlichen Kunst-
bibliothek Berlin. Berlin (Siedler)
1986, S. 362.

Hanns-Josef Ortheil:
Die Berlinreise
München (Luchterhand) 2015,
S. 216–220.

Peter Zumthor:
Architektur Denken
Basel / Boston / Berlin (Fink) 2006
(1998), S. 20–22.

BILDNACHWEIS

S. 1, 6/7, 10, 16, 19, 56, 75, 79, 120/121, 123, 124, 138/139, 148 (l. o.), 163, 164, 169: Karen Michels;
S. 2/3, 14/15, 38/39, 40, 60/61, 67, 72/73, 85, 117, 130, 148 (r. o.): Wikimedia Commons; S. 4/5, Um-
schlagabbildung: akg-images / Erich Lessing; S. 13: akg-images / Album / Prisma; S. 26/27: akg / Bildarchiv
Monheim; S. 30/31, 156/157: akg-images / Hilbich; S. 32, 35: akg-images / Erich Lessing; S. 43: akg-
images / Gérard Degeorge; S. 48/49: akg-images / Alfio Garozzo; S. 51: akg-images / Alfio Garozzo; S. 52/53:
akg-images / Manuel Cohen; S. 64/65: akg-images / Hervé Champollion; S. 68: akg-images / Manuel Cohen;
S. 82/83: akg-images; S. 86 (o. l.): akg-images / Rabatti, Domingie; S. 86 (o. r.): akg-images / De Agostini
Picture Lib. / G. Nimatallah; S. 92/93: akg-images / Rainer Hackenberg; S. 103: akg-images / Mondadori Portfolio / Arnaldo Vescovo; S. 104: akg-images / VIEW Pictures; S. 106: akg-images / Mondadori Portfolio / Arnaldo
Vescovo; S. 110/111: akg-images / MPortfolio / Electa; S. 114/115: akg-images / Bildarchiv Monheim; S. 127:
akg-images; S. 142/143, 146/147: akg-images / Bildarchiv Monheim / Schütze / Rodemann; S. 152/153:
akg-images / Jost Schilgen; S. 176: akg-images / L. M. Peter; S. 97: Hamam Cemberlitas, Istanbul; S. 100:
iStockphoto; S. 134/135: Thies Ibold

KUNST, KULTUR, WELT

»Capri ist das hinreissend Schönste an er-
habenem Kitsch und erschütternder Sen-
timentalität, was man sich vorstellen kann:
heroische Landschaft auf Miniaturbasis,
Hochgebirgswildheit, übersponnen mit rau-
schig duftendem Jelängerjelieber, weißen
Rosen, süß-bunten Riech-Erbsen und dämo-
nisch schwarz-ornamentalen Kakteen,
blühende Felsabhänge über einem Meer
von der sonnenleuchtenden Klarheit blauer
Saphire und grüner Smaragde, zwischen
Felsen von der doppelten oder dreifachen
Höhe Helgolands verlorene Plätzchen kiese-
ligen Strandes, vor denen sich das Meer
unabsehbar ausbreitet, riesige Blöcke mit
weiß salzüberkrusteten Wassermoosen.«
CHARLOTTE BING

Aby Warburg auf seiner letzten großen Ita-
lienreise, unterwegs mit seiner Assistentin
Charlotte Bing – Karen Michels folgt den
beiden und erzählt von der ungewöhnlichen
Reise zweier ungewöhnlicher Menschen.

CORSO 3 Hardcover mit Schutzumschlag
144 Seiten mit vielen s/w Abbildungen
farbige Vorsätze, Format 17 × 24 cm

»Er gab eine Abschiedsparty für seine
Freunde, ohne ihnen zu verraten, warum.
Dann trat er ins Kloster ein, wurde Mönch.
Er zog die normale Kleidung aus, legte die
Kutte an, ließ sich den Hinterkopf kahl
scheren und überantwortete sich und sein
Seelenheil dem Orden. Er studierte mit
Feuereifer und oft bis an seine physischen
Grenzen, fastete, befolgte die Klosterregeln
übergenau. Er wollte den Geist reinigen,
den Sinn des Lebens erfassen, Gott näher-
kommen – und litt dabei an sich selbst, an
depressiven Schüben, an quälenden Selbst-
zweifeln. Mit seiner Intensität ging er den
Mitbrüdern auf die Nerven. Aber die aktive
Aneignung der Ordensregeln und sein er-
folgreiches Theologiestudium brachten ihn
weiter, er wurde schnell befördert – und
war ab 1515 ständig unterwegs.

Dieses Buch ist entstanden aus der Begegnung mit jenen Orten, die Luther gesehen oder in denen er gelebt hat, und der
Erfahrung, dass sich sein Werk und seine
Persönlichkeit besser verstehen lassen, wenn
man direkt seine Fährte aufnimmt: in Erfurt
und Torgau, in Rom oder Schmalkalden.«
KAREN MICHELS

CORSO 5 Hardcover mit Schutzumschlag
96 Seiten mit vielen farbigen Abbildungen
farbige Vorsätze, Format 17 × 24 cm

»Diese Stadt lässt niemanden unberührt. Fast 4.000 Jahre bewegte Geschichte auf so wenigen Quadratkilometern, all die Schicksale und Mythen. Immer wieder brachen die Menschen in eine neue Zukunft auf, mit dem schweren Gepäck der Geschichte, immer mit neuem Mut, neuen Hoffnungen.«
IRIS BERBEN

Iris Berben streift durch diese Stadt, die historisch, kulturell und politisch einmalig ist, in der sich Islam, Christentum und Judentum eine wundersame Altstadt teilen – begleitet von den Fotografien von Tom Krausz.

CORSO 40 Hardcover mit Schutzumschlag
128 Seiten mit vielen Fotografien im Duotone
bedruckte Vorsätze, Fadenheftung
Großformat 20,5 × 25 cm

Das West-Eastern Divan Orchestra ist zu einem lebendigen Symbol des möglichen Friedens und der Verständigung geworden, »die kleine Utopie in einer Welt harscher Realitäten«, wie die *Financial Times* schrieb. Der Geiger Georges Yammine war von Anfang an auch mit seiner Kamera dabei: »Wir können mit ein paar Noten die Welt nicht ändern – wir können nur ein Symbol sein, aber das ist schon sehr viel.«

Mit einem Vorwort von Julia Spinola und einem Interview mit Daniel Barenboim

CORSO 31 Hardcover mit Schutzumschlag
128 Seiten mit 95 Fotografien im Duotone
bedruckte Vorsätze, Fadenheftung
zweisprachige Ausgabe
Großformat 20,5 × 25 cm

CORSO

www.verlagshaus-roemerweg.de

C

CORSO

Herausgegeben von
Rainer Groothuis

CORSO 46
KAREN MICHELS
Vollkommene Räume

1. Auflage im April 2016
© CORSO in der Verlagshaus Römerweg GmbH,
Römerweg 10, D-65187 Wiesbaden
www.verlagshausroemerweg.de

Gestaltung:
Groothuis. Gesellschaft der Ideen und Passionen mbH,
Hamburg | www.groothuis.de
Gesetzt aus der Fairfield und der Helvetica
Lithografie: Frische Grafik, Hamburg
Gesamtherstellung: CPI books, Ulm
Printed in Germany. Alle Rechte vorbehalten.
ISBN 978-3-7374-0724-3